AF431059

ESTOICISMO MODERNO

30 días

para lograr más y sufrir menos

Daniel J. Martin

ISBN 978-9916-9956-4-8

Aviso: Este libro ha sido creado con la intención de ofrecer información, sugerencias y orientación sobre distintas áreas de la vida, entre ellas el bienestar emocional, la salud mental, el crecimiento personal y el desarrollo de relaciones saludables. Sin embargo, no sustituye en ningún caso a la atención médica profesional o al asesoramiento de un psicólogo o terapeuta calificado. Si estás enfrentando problemas serios de salud mental o emocional, te recomendamos que busques ayuda profesional de manera inmediata.

«Sabes por experiencia cuántas vueltas has dado sin encontrar la felicidad. No la has encontrado ni en la lógica ni en la riqueza, ni en la fama ni en el placer. ¿Cómo se logra entonces? Teniendo principios que gobiernen tus impulsos y tus acciones.»

— Marco Aurelio

ÍNDICE

El poder del estoicismo

¿Has oído hablar últimamente de estoicismo? Seguro que sí. «Estoicismo» es una palabra que se ha puesto de moda, y no precisamente porque sea nueva: se trata de un movimiento filosófico que se originó en Grecia a principios del siglo III antes de Cristo, es decir: hace 2.300 años.

Si el estoicismo es tan antiguo, ¿por qué toda la gente habla de él como si se acabara de inventar? Pues porque, pese a su antigüedad, sus enseñanzas siguen vigentes hoy en día.

Hace unos años, cuando empecé a interesarme por el estoicismo, me sorprendí a mí mismo descubriendo que yo ya sabía muchas de esas cosas. Y no porque sea un genio o haya estudiado filosofía clásica, sino porque yo ya aplicaba muchas de esas antiguas enseñanzas a mi propia vida de forma instintiva, solo que yo no sabía que esas ideas eran «estoicas». Y estoy convencido de que tú también aplicas prácticas estoicas a tu vida diaria sin saber que provienen de la Grecia clásica y que antes de ti ya las practicaban Séneca y el emperador Marco Aurelio.

¿Por qué un libro sobre estoicismo?

El libro que tienes en las manos quiere ser una guía de acercamiento al estoicismo sin perder de vista los más de dos milenios que nos separan de su origen. Ya he dicho que su esencia y sus enseñanzas siguen siendo útiles en la actualidad, solo hay que pasarlas al contexto actual.

Mientras trabajaba en el libro, me sentía como si estuviera escribiendo un diccionario estoicismo-actualidad, donde mi tarea consistía en adaptar las viejas enseñanzas griegas a la sociedad y los tiempos actuales.

Si has leído hasta aquí es porque una parte de ti sabe que lo que estoy diciendo es verdad. Por eso te propongo que no te quedes aquí: sigue leyendo y llegarás a las mismas conclusiones que llegué yo hace unos años. Solo necesitas 30 días y un poco de disciplina para que empieces a notar cambios increíbles en tu vida.

¿Por qué 30 días?

El estoicismo no es ninguna ciencia oculta ni ningún misterio: en realidad, es bastante fácil de entender. Aunque su puesta en práctica no es tan sencilla, porque implica cambiar las dinámicas y creencias con las que llevamos mucho tiempo funcionando, así como cuestionarnos ciertas cosas de nuestra vida y de nuestro comportamiento.

Por eso, he estructurado este libro como una lectura de 30 días seguidos: lo planteo como un *bootcamp* sobre estoicismo, una inmersión de 360° en este pensamiento filosófico y –sobre todo– en su vertiente práctica. Durante un mes, abordo cada día un aspecto relacionado con el pensamiento estoico y propongo un ejercicio para ponerlo en práctica[1]. Un mes, 30 días, me parece el periodo de tiempo idóneo para asimilar los conceptos y realizar el aprendizaje correspondiente.

¿Significa eso que al terminar la última página de esta guía ya vas a ser tan estoico como los filósofos que lo predicaban y que consagraron su vida a ello? No, porque hay que ejercitar la teoría durante cierto tiempo antes de empezar a ver resultados. El estoicismo es como un músculo: no

---

[1] Obviamente, tú puedes seguir el orden que quieras, leer el libro en un día, tardar dos meses o empezar por el final. Pero yo propongo esta estructura porque 30 días es el periodo de tiempo adecuado para poner en práctica los recursos que te ofrezco en estas páginas.

crece leyendo muchos libros ni memorizando mucha teoría, sino ejercitándolo.

El estoicismo no es fácil. En cierta forma, sí creo que es sencillo de asimilar, porque todo lo que defiende se apoya sobre el sentido común, pero es exigente, sacrificado y, a menudo, muy poco amable. No sin razón a los estoicos los llamaban aguafiestas, tozudos o amargados.

Como experto en crecimiento personal, mi trabajo es enseñar a la gente a mejorar su propia calidad de vida, y con frecuencia eso conlleva tomar el camino más largo en lugar del atajo. Si tú estás dispuesto a recorrer este camino conmigo, mentalízate para trabajar. Debes prepararte para cuestionarte creencias, cambiar hábitos, renunciar a cosas y tomar decisiones que no van a gustar a todo el mundo. Es duro, pero ¡compensa tanto! No conozco a nadie que, tras adoptar la mentalidad estoica (de forma correcta), se haya arrepentido. Al contrario, ¡la gente se lamenta de no haberlo hecho antes!

El auténtico cambio

Imagínate tener tan claro tu camino que ni la peor de las ventadas pudiera desviar tu rumbo. Imagínate sintiéndote en paz con lo que haces, pase lo que pase y en cualquier circunstancia, porque sabes que lo que haces es lo correcto. Imagínate vivir sin miedo al fracaso, al qué dirán, al dolor o a la enfermedad. Imagínate a ti mismo dando amor sin miedo a ser herido o traicionado. Si tienes este libro en tus manos es porque sabes que merece la pena intentarlo. Y yo te aseguro que en 30 días tu vida va a cambiar para siempre.

Como suelo decir, nunca es tarde para el autoconocimiento y nunca es tarde para aprender a dominar lo que nos hace daño y que reside dentro de nosotros. No se trata de intentar detener la tormenta, se trata de aprender a navegar en aguas agitadas. Porque, como dice el refrán popular, aguas calmadas no hacen bueno al marinero. Es decir: es en las tormentas donde puedes sacar lo mejor de ti, pero debes saber cómo hacerlo.

Lee esta «guía» y, al final, si quieres, hablamos. Y recuerda: eres más fuerte de lo que crees.

¡Vamos allá!

Daniel

DÍA 1

¿De dónde viene el estoicismo?

El estoicismo se lo debemos principalmente a un hombre llamado Zenón de Citio. Zenón de Citio vivió una vida bastante buena en la que fue una de las ciudades más avanzadas del mundo: la ciudad-estado de Atenas.

En aquella época, entre el siglo VI a. C. y el siglo III a. C., Atenas era la semilla del futuro mundo Occidental: de aquí salieron todas las buenas ideas acerca del conocimiento, la política, la cultura y la organización social que se adoptarían progresivamente en Occidente. Entre otras cosas, en Atenas nació la democracia que, sin ser perfecta, a día de hoy sigue siendo el más justo y utilizado de los sistemas políticos.

Volviendo a nuestro hombre, Zenón de Citio, a los 45 años pudo dejar su trabajo como comerciante para «reinventarse» y fundar su propia escuela de filosofía en Atenas. En aquella época, tener una escuela o formar parte de ella en esta ciudad era sinónimo de éxito económico y social. El propio rey Antígono II admiraba a Zenón y solía invitarlo a sus banquetes, algo que a Zenón no le entusiasmaba demasiado porque la opulencia lo incomodaba.

El inventor del estoicismo entendía que la justicia, la bondad y la sabiduría debían estar en la base de toda acción humana, pero se encontró con una sorpresa: que las emociones y los deseos solían interponerse en las buenas intenciones. De hecho, él mismo tenía dificultades para someter sus propias tormentas internas a la llamada del deber. Pero eso, dedicó buena parte de su vida a estudiar el comportamiento humano y el equilibrio entre la razón y el impulso.

Zenón concluyó que el objetivo vital de toda persona era alcanzar la virtud, entendida como la forma correcta de comportarse al margen de cosas externas como la riqueza, el placer o la salud (en esa época, la salud se entendía como algo ajeno a nuestro control: hace dos milenios no se tenía el conocimiento médico de ahora, mientras que la riqueza o la pobreza venían determinadas por la familia en la que se nacía, así que ambas cosas se consideraban externas a uno mismo).

Todas esas cosas externas, tanto las positivas como las negativas, eran vistas por Zenón de Citio como las pruebas que permitían aflorar la virtud en cada ser humano. ¿Qué predicaba él? A grandes rasgos:

- La búsqueda de la excelencia moral como objetivo vital.

- El dominio de los instintos y las «bajas pasiones» (la tentación, la avaricia, etc.).

- El respeto por las leyes y la justicia.

- El rechazo al victimismo ante las desgracias.

- La defensa de la autorresponsabilidad.

- La entereza y la integridad pese a las tentaciones y las críticas.

- La búsqueda de la ataraxia (la paz interior o imperturbabilidad).

- La ética del esfuerzo y la disciplina.

- El entrenamiento de la fuerza de voluntad o «fuerza interior».

¿Dirías que estos preceptos siguen siendo útiles a día de hoy? Yo creo que sí.

Séneca y Epicteto

Después de Zenón, otras figuras terminaron de asentar el movimiento estoico: su discípulo Crisipo de Soli, de quien se dice que murió pasados los 70 años durante una de sus frecuentes borracheras de vino, y los famosos filósofos: Séneca y Epicteto.

Lucius Annaeus Séneca nació en el año 4 a. C., es decir, prácticamente al mismo tiempo que Cristo. Nació en Córdoba cuando esta ciudad, y prácticamente toda la Península ibérica, eran parte del Imperio romano. Siendo muy joven se mudó a vivir a la capital, Roma, con su acaudalada tía. Allí se convirtió en un gran pensador, un hombre sabio y muy influyente.

Tal fue su influencia que llegó a servir en la corte, donde hasta tres emperadores distintos – Calígula, Claudio y Nerón–, lo percibieron como un peligro y lo condenaron a muerte. De los dos primeros se salvó, pero el tercero, Nerón, del que Séneca fue consejero, lo ejecutó mediante el suicidio[2].

---

[2] En la antigua Roma, era habitual ejecutar la pena de muerte mediante el «suicidio forzado»: el propio condenado ponía fin a su vida.

En palabras de Séneca: «*La virtud es una cualidad elevada, sublime, real, invencible, incansable; el placer es bajo, servil, débil, perecedero; sus guaridas y hogares son el burdel y la taberna*».

Nuestro tercer hombre, Epicteto, nació como esclavo en Hierápolis (hoy, Turquía), 20 años después de la crucifixión de Jesús, es decir, unos 50 años después de Séneca y del propio Jesús. Su estoicismo continuó el legado de Zenón, pero con matices más radicales: conocedor de la injusticia que suponía su propia esclavitud, él defendía que ni el dolor físico ni ningún otro obstáculo debían desestabilizar a una persona sabia. A él mismo, decía, nada ni nadie podía hacerle perder la calma, nada podía afectarlo emocionalmente. Él nunca sentía ningún deseo que pudiera frustrarlo si no lo satisfacía. Su serenidad no dependía de cómo le fueran las cosas.

¿Cómo conseguía mantenerse impertérrito ante la realidad cambiante o injusta? Poniendo el foco en lo único que dependía de sí mismo: sus pensamientos y su actitud. Todo lo demás, desde la enfermedad hasta las críticas externas, desde los castigos de su amo hasta la mala suerte, quedaban fuera de su control y, por lo tanto, ajenas a su reacción emocional.

«Podrás amenazarme, encadenarme, encerrarme o exiliarme. Pero yo te recuerdo que ni Zeus podría quitarme el poder de decidir mi actitud».

Así, Epicteto ponía el énfasis en:

- La libertad de espíritu como resultado de una total independencia respecto a deseos, tentaciones, normas sociales, riquezas, etc.

- La apatía (o «desapasionamiento» entendido como el no sometimiento a las pasiones).

- La eudaimonía (similar a la felicidad), como resultado de la práctica de la virtud, nunca del placer vacío.

- Las eupatías (los buenos sentimientos).

- La ataraxia (la imperturbabilidad o paz de espíritu).

Epicteto llevó un paso más allá la cuestión del sometimiento a las emociones, pero su concepto de virtud era prácticamente el mismo que el de sus predecesores estoicos.

Ejercicio del día

<u>TENDIENDO PUENTES CON LOS PRIMEROS ESTOICOS</u>

1. ¿Qué principios de Zenón de Citio compartes? ¿Cuáles crees que te van a ayudar a ser tu mejor versión? Anótalos.

2. ¿Y de Epicteto? ¿Qué salvarías, teniendo en cuenta los 2.000 años que nos separan?

3. Te invito a que investigues de dónde procede la palabra estoicismo.

DÍA 2

Estoicismo 2.0

Como decíamos, han pasado 2.300 años desde que el estoicismo apareció. Y una de las ventajas de estar en el siglo XXI es que, si te decides a adoptar el estoicismo como filosofía de vida, ningún emperador te va a condenar a muerte, como le ocurrió a Séneca o a la propia hija de Marco Aurelio [3]. Pero quizás sí tengas que sacrificar algunas cosas y ciertas relaciones personales. Porque si quieres beneficiarte del potencial que el estoicismo puede liberar en ti, deberás aprender a soltar, a dejar atrás un montón de preocupaciones, vínculos, hábitos,

---

[3] La hija del emperador Marco Aurelio, Cornificia, fue una destacada mujer estoica, condenada a muerte por el emperador Caracalla.

dependencias y distracciones completamente inútiles.

Y no siempre resulta fácil.

El estoicismo no predica la renuncia al placer o al confort porque sí, para fastidiar: lo que predica es estar por encima del placer, de los deseos, del miedo y del sufrimiento para que no dobleguen nuestra voluntad ni nuestra determinación a convertirnos en seres mejores.

De alguna forma, el estoicismo no solo te obliga a salir de tu zona de confort: te enseña a considerar cualquier lugar y cualquier circunstancia tu zona de confort. ¿Cómo? Teniéndote a ti mismo. Con eso debe bastarte.

¿El estoicismo es para mí?

Sí, el estoicismo es para ti, aunque no vivas en la Atenas clásica ni en el Imperio romano, ni sepas nada de filosofía. De hecho, estoy convencido de que te va a ayudar. Lo va a hacer si...

— Eres impulsivo y tienes ansiedad.

— Tienes algún tipo de crisis existencial o te preguntas cuál es el sentido de tu vida.

— Has tomado malas decisiones por perderte en tu propio miedo, en las comparaciones con los demás o en el qué dirán.

— Te gustaría tener más control sobre tu vida.

— Tienes depresión y baja autoestima.

— Siempre estás preocupándote por el futuro.

— Tienes más emociones dolorosas que reconfortantes.

— Siempre intentas controlarlo todo.

— Crees que deberías ser más fuerte, tanto física como mentalmente.

— No encuentras la paz.

Si te has sentido identificado con lo que acabas de leer, el estoicismo puede ayudarte. Recuerda que el fin último de esta filosofía de vida es enseñar a hombres y mujeres a ser auténticamente libres y felices.

Entonces, ¿el estoicismo es una psicoterapia? ¿Una técnica contra la ansiedad? Es mucho más que eso: es un compromiso con la vida.

Te dejo la definición exacta que el profesor de filosofía en la Universidad Estatal Wright de Ohio[4], William B. Irvine, hace de él:

«El estoicismo, entendido correctamente, es una cura para una enfermedad. La enfermedad en cuestión es la ansiedad, el dolor, el miedo y otras emociones negativas que afectan a los humanos y les impiden experimentar una existencia gozosa».

---

[4] William B. Irvine (1952, EE. UU.) es divulgador del llamado «Estoicismo moderno», que es una relectura del estoicismo clásico adaptado a nuestros tiempos. También es el autor del best seller El arte de la buena vida: Un camino hacia la alegría estoica.

Ejercicio del día:

<u>EL ESTOICISMO Y YO:</u>

1.	Te invito a que repases el listado de ítems del punto «¿El estoicismo es para mí?» y selecciones los que coinciden con tu conducta. Por ejemplo: tener tendencia a querer controlarlo todo, o no encontrar la paz interior.

2.	Escribe esos puntos en una libreta o una hoja y, al lado, anota qué haría una persona estoica para solucionar eso.

3.	Reflexiona acerca de ello: ¿Crees que tú también vas a poder encontrar el camino estoico? ¿Merece la pena o sientes que el sacrificio va a ser inútil?

Beneficios de adoptar el estoicismo 2.0

Desde su origen, el estoicismo abordó el mundo desde tres aspectos: la física, la lógica y la ética.

- La **física estoica** era el estudio de cómo funciona el mundo y trataba de entender por qué llovía, porque las cosas caían al suelo, por qué envejecemos, etc.

- La **lógica estoica** era el estudio de nuestro propio razonamiento y de nuestras emociones (parte de lo que hoy estudia la psicología, la psiquiatría y la neurología). Intentaba entender cómo aprendemos, cuál es la forma correcta de analizar la realidad, qué significa ser sabio, por qué estamos tristes, etc.

- La **ética estoica** era el estudio de la moralidad y de los comportamientos y acciones válidos desde el punto de vista de la justicia.

De estas tres vertientes, la ética es la que, dos milenios más tarde, sigue plenamente vigente. ¿En qué nos pueden ayudar los conceptos de justicia y bondad de una época en que ni siquiera se habían inventado los lápices? ¿Cómo puede hacernos esto más felices y resilientes? Estos son sus beneficios probados y defendidos por varios expertos contemporáneos:

- El estoicismo te entrena para mantener la calma en momentos de crisis.

- Cuando eres estoico, tu felicidad no depende de éxitos o validación externa, sino de tu propia conciencia. Eso te hace independiente de las cosas materiales.

- El estoicismo te enseña que hay muchas cosas en la vida que nunca podrás controlar ni dominar, pero otras sí: esas son las que merecen tu atención.

- El estoicismo te revela que, para vivir en paz contigo mismo, no necesitas riquezas, ni fama, ni éxito, ni adulación.

- El estoicismo te enseña que no eres ni tu pasado ni tu futuro.

- El estoicismo calmará tus ansias por triunfar a costa de la salud, el amor, la felicidad o tu propia identidad.

- El estoicismo te quita la presión del éxito y de las exigencias extremas. También es una cura de humildad contra el ego.

- El estoicismo te dará fortaleza frente a tus enemigos y frente a las dificultades.

- El estoicismo te mostrará belleza y solidaridad donde antes solo veías hostilidad y egoísmo.

- El estoicismo te liberará del perfeccionismo y te animará a buscar la excelencia.

Combatir la *amathia*

El estoicismo también funciona como una guía para saber qué debemos rechazar en esta vida, por cómodo y tentador que parezca. Y una de esas cosas es la *amathia*.

La *amathia* es la ignorancia buscada[5], la estupidez por comodidad, la renuncia a aprender, a saber, a buscar la verdad de lo que nos rodea. En un tiempo (el nuestro) repleto de *fake news*, de demagogia y de manipulación y, a la vez, con tantísimos avances en ciencia y conocimiento, debemos buscar lo segundo en vez de quedarnos con lo primero. Y no estamos hablando de sacarse la carrera de física, sino de rechazar los dogmas y la tontería por muy de moda que esté.

---

[5] Es distinta de la *agnoia*, que es la ignorancia, es decir, la falta involuntaria de conocimientos. *Agnoia* significa «no saber», mientras que *amathia* significa «no aprender».

Todo ello nos lleva a una vida más plena y feliz, pues nos exime de muchísima presión acerca de cosas que no podemos controlar y nos libera de preocupaciones que no son importantes. A lo largo de los próximos días lo comprobaremos.

Ejercicio del día:

<u>EL ESTOICISMO DEL SIGLO XXI</u>

1. Elige uno de los beneficios listados en este capítulo, por ejemplo: «El estoicismo te dará fortaleza frente a tus enemigos y frente a las dificultades».

2. Trata de aplicar este punto a tu vida. Piensa en enemigos que tengas (ya sean personas, miedos o dificultades), y busca una forma estoica de enfrentarlos.

3. En este caso, ¿qué sería la fortaleza? ¿De dónde la sacarías? ¿Qué clase de actitudes y pensamientos estoicos te ayudarían?

Examina tu nivel de estoicismo

Cuando cuento a mis pacientes que existe un método para convertirnos en personas más valientes y más resistentes a los golpes, todos se muestran entusiasmados: «¡Sí! ¡Eso es lo que necesito!», me dicen.

Lo que no genera tanto entusiasmo es lo que implica ese método. Porque el primer paso, y tal vez el más desalentador, es examinar la propia vida en el momento presente y valorar nuestro «nivel de estoicismo». ¿Por qué eso es desalentador? Pues porque nuestro nivel de estoicismo suele ser bastante bajo.

La mayoría de nosotros trabajamos duro, hacemos un montón de actividades ingratas y dedicamos muchas horas de nuestro día a día a cosas que no nos apetece hacer: limpiar la casa, aguantar a clientes arrogantes, ir al dentista, soportar atascos, asistir a reuniones de trabajo pesadísimas y ahorrar dinero en vez de comprarnos caprichos. En cierto modo, esas son actitudes estoicas, ya que se alinean con nuestras responsabilidades como adultos y no con nuestros deseos primarios.

Pero ¿somos verdaderamente estoicos, o solo nos resignamos a cumplir con nuestras obligaciones porque no tenemos más remedio?

Si la mayoría de las cosas las hacemos frustrados, de mal humor, soñando con la vida que nos gustaría llevar y quejándonos todo el santo día, entonces no somos estoicos. Nuestros actos tal vez sean estoicos, pero desde luego nuestra actitud no lo es.

¿Por qué existe esa diferencia entre actos y actitud?

Creo que muchos de nosotros hacemos lo que hacemos a la espera de una compensación o aprobación externa. Es decir: no nos sentimos identificados con lo que hacemos, solo esperamos que sea lo «correcto» o lo «normal» en nuestro entorno, asumiendo que lo contrario nos acarreará más problemas.

Eso también nos lleva a querer identificarnos solo con lo que hacemos por placer. Esto se evidencia cuando solo nos sentimos «nosotros mismos» cuando hacemos lo que nos apetece o lo que nos gusta. Así, el placer se convierte en la gran válvula de escape de nuestras vidas.

El problema es que eso no soluciona nada: si solo nos vinculamos a lo que hacemos por placer, si nuestros ratos de relax, de hedonismo o de autocuidado son los únicos que dan sentido a nuestras vidas, seguiremos viviendo con ansiedad, culpa, vergüenza, estrés, frustración y muchas otras emociones desagradables.

Entonces, ¿qué hacemos? ¿Sonreír mientras llevamos una vida que nos deprime?

No. En vez de eso, en lugar de pasarnos la vida huyendo del dolor y buscando el placer, empecemos a cambiar nuestra mentalidad acerca de lo que nos produce placer y lo que nos produce dolor. ¡Así de simple (y de complicado)!

Cambia tu mentalidad y todo cambiará

Solo cuando somos conscientes del bajo nivel de estoicismo que reside en nuestra actitud, podemos empezar a generar ese cambio. Podemos dejar de quejarnos por todo y enfrentarnos al dolor, y decirle: «Bien, aquí estoy. ¿Qué quieres decirme con todo este malestar y toda esa frustración que me traes?».

Es entonces cuando podemos empezar a relativizar todo lo que nos molesta y nos frustra, analizando por qué lo hacemos y si realmente nos compensa.

Con esto no estoy diciendo que no podamos quejarnos. Por supuesto, y también debemos exigir lo que creemos que es justo. En lo que no debemos gastar energía es en la queja constante, la queja vacía que es más una pataleta infantil que otra cosa. Si hay algo doloroso o injusto en tu vida (si eres como el 99% de la gente, seguro que es así), **busca soluciones o deja de quejarte**.

Ejercicio del día:

MI NIVEL DE ESTOICISMO

1.   Te invito a que reflexiones sobre alguna tarea que haces a diario y que te molesta. Puede ser la que, para mucha gente, es la peor: ir a trabajar y dedicar 8 o 9 horas de tu día a una empresa a cambio de un sueldo.

2.   Si es tu caso, te propongo que enumeres todas las emociones negativas que te genera (frustración, enfado, estrés, sentimientos de injusticia, etc.), y que pienses qué debería cambiar para que todo eso disminuyera. ¿Cuáles de esas cosas son realistas? ¿Cuáles están en tu mano?

3.   Escribe las conclusiones y repásalas cada mañana antes de ir a trabajar.

El diario de Séneca

Ya he comentado que Séneca fue un filósofo vinculado a las altas esferas del poder en la Roma imperial, que sus principios estoicos a menudo entraban en conflicto con las dinámicas de la corte y que fue condenado a muerte por ello.

Pues bien, Séneca llevaba un registro de su propia actitud, un diario donde se analizaba a sí mismo y reflexionaba sobre cómo se había enfrentado a las adversidades de cada jornada:

«Cuando han retirado de mi vista la luz y se ha dormido mi esposa, conocedora ya de mis costumbres, examino toda mi jornada y repaso mis hechos y mis dichos: nada me oculto yo, nada paso por alto».

¿Y cómo analizaba Séneca sus actos? Respondiendo cada día a estas tres preguntas:

- ¿Qué he hecho mal hoy?

- ¿Qué he hecho bien hoy?

- ¿Qué podría hacer mejor mañana?

La primera pregunta no tiene por objetivo la mortificación ni el auto castigo. Su objetivo es hacernos conscientes de los propios errores (recuerda que lo único imperdonable de un error es no aprender nada de él).

La segunda pregunta que se hacía Séneca tiene un doble objetivo: el primero es poder felicitarse a sí mismo por las cosas que ha hecho bien (todos, incluso Séneca, necesitamos ánimo y reconocimiento). El segundo objetivo de esta pregunta es situar los logros y las buenas acciones en su mapa vital con el fin de saber hacia dónde encaminarse.

En la tercera pregunta es donde reside el crecimiento personal: su respuesta conlleva decidir qué nos comprometemos a no repetir en el futuro (evitando errores que sí podemos controlar), y qué nos comprometemos a perseguir (buscando las acciones que nos acercan a nuestra mejor versión).

¿Merece la pena llevar un diario así hoy día? ¿Y por qué estas tres preguntas?

La respuesta nos la da el italiano Massimo Pigliucci[6], profesor de filosofía en la Universidad de Nueva York y un gran seguidor del estoicismo. Él mismo lleva un diario a la manera de Séneca y se responde diariamente a esas tres preguntas. ¿Por qué? Porque la mayoría de nosotros llevamos vidas bastantes regulares: tendemos a vivir las mismas situaciones una y otra vez y, en

---

[6] Massimo Pigliucci (Monrovia, Italia, 1964), es biólogo, filósofo y autor. Es practicante del estoicismo moderno como filosofía de vida, y también un gran crítico de las llamadas pseudociencias y de la teoría del creacionismo.

consecuencia, también tendemos a repetir los mismos errores una y otra vez. Solo si somos conscientes de este patrón podremos romperlo, y solo si lo rompemos, podremos crecer.

Al convertir esta práctica en hábito, poco a poco, nuestras acciones nos aportarán cada vez más serenidad, más autoestima, más claridad y más felicidad.

Ejercicio del día:

<u>EL DIARIO DE SÉNECA</u>

1. Te invito a que adoptes el hábito de llevar un diario estoico, si quieres solo durante un mes. Lo importante no es que cada noche escribas mucho (si lo deseas, sí, claro), sino que trates de responder a las tres preguntas de Séneca:

   - ¿Qué he hecho mal hoy?

   - ¿Qué he hecho bien hoy?

   - ¿Qué podría hacer mejor mañana?

2. En cuanto a la tercera cuestión, para crecer es importante que anotes también cada vez que rompas un patrón erróneo y actúes de otra forma ante una situación donde has repetido errores.

DÍA 6

Vivir conforme a la naturaleza humana

Ya hemos dicho que, para aprovechar todo el potencial del estoicismo, debemos hacer un cambio de mentalidad acerca de las cosas que no nos gustan de nuestra vida. ¿En qué consiste ese cambio de mentalidad?

Para los estoicos, la vida de cada uno está regida por el destino y no podemos rebelarnos contra él. Entonces, ¿por qué luchar? ¿Por qué tratar de mejorar cada día si, total, no vamos a conseguir nada?

En realidad, sí vamos a conseguir, y mucho: creamos o no en el destino, o en la voluntad de

Dios, es nuestra obligación convertirnos en la mejor versión de nosotros mismos. Es nuestro trabajo llegar al final de nuestra existencia y poder mostrarnos a nosotros mismos que fuimos dignos de la oportunidad.

¿Por qué? Porque es nuestra obligación vivir conforme a la naturaleza.

Y no estoy hablando de conductas superficiales o de ir al bosque a pasear (esto último, si queremos, también): estoy hablando de cuál es nuestra naturaleza como organismos vivos, y cuáles deben ser nuestras acciones en base a ello.

La naturaleza humana

¿Qué es lo natural en nosotros? Tenemos claro que, si fuéramos plantas, sería comportarnos como plantas, es decir, tratar de que nos diera el sol para hacer la fotosíntesis. Si fuéramos peces, sería llevar una vida de pez. Pero ¿y si somos humanos? ¿En qué consiste vivir conforme a nuestra naturaleza?

Para los estoicos, hay dos premisas básicas en nuestra naturaleza como seres humanos:

1. Somos seres sociales (es decir: pertenecemos y necesitamos a la sociedad para desarrollarnos plenamente).
2. Tenemos la capacidad de razonar (por encima de nuestros deseos e instintos, somos capaces de entender y reconocer la verdad, los hechos objetivos, y también el sentido de la justicia).

En base a esto, los estoicos concluyeron que una vida buena, una vida correcta y con sentido, es esa que se basa en la práctica de la razón para mejorar conjuntamente como sociedad. Esta es nuestra verdadera naturaleza.

Esta naturaleza está en el polo opuesto al egoísmo, a la ley del más fuerte, a la búsqueda de la gratificación personal o al culto a los egos. Para los estoicos, solo podremos progresar en sociedad, estando en contacto los unos con los otros, y solo si razonamos y elegimos la verdad por encima de la ignorancia.

Así, debemos cultivar nuestra razón, y eso implica dedicarnos a la verdad, al aprendizaje y a la sabiduría. ¿Significa eso tener tres carreras y cinco posgrados? Puede ser, aunque no es imprescindible. Lo que significa es no negarnos al conocimiento. Significa tener una actitud curiosa por aprender y conocer acerca de la realidad que nos rodea. Somos seres racionales y debemos usar la razón.

Tu mente está para cuestionarlo todo

Para el estoicismo, la persona virtuosa (o sabia, o completa, como quieras llamarlo) no solo es la que sabe aguantar el tipo ante las adversidades. También debe perseguir la razón, es decir, la verdad acerca de los conocimientos que va adquiriendo.

Por eso, los estoicos entrenaban la mente para luchar contra prejuicios, creencias limitantes y pensamientos distorsionados. Buscaban la verdad y, si no eran capaces de encontrarla, no se quedaban con el primer dogma que les vendían. Eran escépticos, lo que no significa que tuvieran una actitud desapegada hacia la realidad: al contrario, respetaban demasiado la verdad como para no poner en duda cada nueva lección que aprendían.

Ejercicio del día:

<u>RECONECTANDO CON NUESTRA NATURALEZA</u>

1.   Te invito a que pienses en tres acciones que puedas llevar a cabo en los próximos días (a lo largo de esta semana), y que te acerquen a nuestra verdadera naturaleza según los estoicos. Por ejemplo: buscar y entender la verdad sobre un tema concreto (puede ser desde un suceso de actualidad hasta un fenómeno meteorológico). Luego, reflexiona:

2.   ¿Qué crees que pasaría si todo el mundo hiciera lo mismo que en este ejercicio? ¿Crees que habría mejora a nivel global?

3.   ¿Sientes que merece la pena ir en esa dirección?

Marco Aurelio y tú

Volvamos al pasado para rescatar algunas de las enseñanzas estoicas más importantes de la Historia: las del emperador Marco Aurelio. Porque, si el estoicismo ha llegado a nuestros días, es en gran parte gracias a uno de los mayores *influencers* de todos los tiempos: el emperador Marco Aurelio, que reinó durante 20 años en el siglo II d. C.

De todos los emperadores que existieron en la Antigua Roma (más de 70), Marco Aurelio fue uno de los que tenía la cabeza mejor amueblada. Durante su mandato trabajó al servicio del bien común y la justicia, y antepuso el bienestar de sus súbditos a su propio placer. Él adoptó el estoicismo como guía para su conciencia y antídoto contra la corrupción.

Marco Aurelio siempre dijo que fue su madre quien le mostró que era posible vivir sin ostentación y que, de hecho, el lujo alejaba la virtud. Influido por ella, y pese a que vivió rodeado de lujo, mantuvo siempre la honestidad y la honradez como banderas. ¡Y no debía de ser fácil siendo el hombre más poderoso del mundo!

De su modo de pensar y actuar, este emperador dejó un excelente legado escrito, tanto en sus cartas como en sus *Meditaciones*[7]. ¿Cuáles eran las claves de su estoicismo?

1. Tomarnos las cosas con calma:

---

[7] Las *Meditaciones*, *Pensamientos* o *A sí mismo* es la obra escrita más importante de Marco Aurelio. Se trata de sus reflexiones personales en torno a temas como la justicia, la corrupción, la moralidad o el universo, y han influido en muchos hombres y mujeres posteriores.

Siguiendo la ataraxia (la imperturbabilidad del ánimo), Marco Aurelio se entrenó para no alterarse por nada. Así, aceptaba los sucesos que no podía controlar como parte del destino, evitando enojarse, frustrarse o apenarse. Teniendo en cuenta que gobernaba la primera potencia mundial, y que tenía enemigos tanto fuera como dentro de sus fronteras, su actitud tenía mucho mérito.

2. Vivir sin expectativas:

Para Marco Aurelio, las expectativas son una trampa porque no las podemos controlar. Por supuesto, hay que trazar planes y estrategias, pero asumiendo que, en última instancia, la última palabra la tienen los dioses, o el destino, o la realidad que no está en nuestra mano.

3. No preocuparnos por la muerte:

La muerte es algo que no se puede evitar: tarde o temprano nos llegará a todos. Marco Aurelio consideraba la muerte como algo que también escapa a nuestro control, por lo que no merece la pena sufrir por ella, y sí, preocuparnos por el presente.

4. La vida ya está determinada:

Marco Aurelio creía que el destino de cada persona ya estaba escrito de antemano. Para él, igual que para el resto de los estoicos, el determinismo era un aspecto fundamental de su filosofía contra el que no servía de nada luchar. En vez de intentar cambiar nuestro final, había que luchar para ser la mejor versión de nosotros mismos, y llegar a ese final, sea cual sea, de la forma más digna y virtuosa posible.

5. No vale la pena discutir:

Si la discusión no persigue la verdad y la razón por encima del ego y las emociones, no merece la pena. La mayoría de las discusiones, de hecho, solo sirven para que ambas partes refuercen aún más su punto de vista y se enroquen en su argumento sin atender a nada más. No hay que perder el tiempo en eso.

6. La paz está en nuestro interior:

Parece un tópico o una frase motivacional, pero es verdad. La mayor parte de nuestras tormentas y nuestras guerras son emocionales: tienen que ver con nuestro pasado, con nuestra frustración, con nuestra envidia, con nuestro auto concepto o con el miedo al futuro. Y la ausencia de paz en todos esos puntos es responsabilidad nuestra. Si nuestros mínimos vitales están garantizados (recursos para vivir dignamente, con ausencia de violencia, etc.), la paz está a nuestro alcance.

7. No necesitamos lujos para la felicidad:

El confort es adictivo: siempre vamos a querer más. Por eso, Marco Aurelio (que podría haber sido el hombre más rico del planeta en su época), no se dejaba seducir por la opulencia. Vivir bien es una necesidad, buscar el lujo para apuntalar nuestra existencia es una debilidad. Marco Aurelio decía que, al fallecer, cada ser humano no sería recordado por lo que tuvo, sino por lo que hizo. En su caso, fue así.

La riqueza, además, es la principal generadora de envidia y competencia desleal. Valorar lo que se consigue honestamente y por méritos propios genera mucha más satisfacción que toda la ostentación de la que seamos capaces de rodearnos.

8. La vida es breve:

Y no hay un plan B. La vida que tenemos ahora mismo es un regalo, y no es ningún ensayo general: es la obra en sí misma. Dejar de perder el tiempo buscando la felicidad ahí fuera en vez de construirnos un sistema de valores por los que vivir, no tiene sentido.

9. Vivir sin dolor:

Hay muy poco dolor realmente inevitable. Todo lo demás es dolor generado por cosas superficiales. Ignoremos ese dolor y centrémonos en el sufrimiento que sí nos bloquea para encontrar soluciones.

10. Simplificar la vida:

Las peleas sin sentido, el ego, las críticas externas, la necesidad de aprobación, la rivalidad... Son las cosas en las que perdemos un tiempo muy valioso que no dedicamos a lo importante.

A pesar de que puede malinterpretarse, el estoicismo no invita a conformarnos con lo que venga, o a aceptar cualquier cosa para no alterarnos. El estoicismo no es pasivo, todo lo contrario: es una llamada a la acción auténtica, para la cual antes debemos liberarnos de cadenas que no sirven para nada.

Ejercicio del día:

<u>EN LA ESTELA DE MARCO AURELIO</u>

La siguiente frase es una de las más famosas de este emperador: «*Si no es justo, no lo hagas; si no es cierto, no lo digas*».

1. Te propongo que te la escribas en un lugar visible para ti (en el móvil, en un post-it pegado en la puerta de la nevera, etc.).

2. Durante una semana entera, obsérvate en todas las situaciones que seas capaz y aplícate esta máxima de Marco Aurelio.

3. Pasada esa semana, reflexiona sobre si te ha sido difícil llevar a cabo esta tarea o es algo que ya hacías antes (no mentir y no hacer cosas que sabes que están mal).

Los tres pilares de estoicismo

El estoicismo está construido sobre tres pilares básicos: la aceptación, la virtud y el autocontrol. Vamos a verlos y distinguiremos qué es y qué no es cada uno, ya que tienen trampa y pueden ser fácilmente malinterpretados.

1. **La aceptación:**

La aceptación es la práctica de la no involucración emocional en cosas que no podemos cambiar. Eso no significa no sentir nada hacia una desgracia o mostrarnos impasibles ante el dolor de otra persona. Significa no caer en el victimismo, en el dramatismo, en la impulsividad o en actos incoherentes debido a la negación de la realidad o al desbordamiento emocional.

2. La virtud:

La virtud habla de la mejor versión de ti mismo, el mejor tú en el que te puedes convertir. Y esa mejor versión no es la que tiene más dinero o más amigos: es la que se comporta de forma más alineada con los propios valores y principios, la que nos lleva a una vida de integridad. La virtud es la excelencia moral.

3. El autocontrol:

El autocontrol se puede definir como el equilibrio entre ser fiel a las propias emociones y dejarse traicionar por ellas. Nadie nace enseñado y nadie pasa demasiado tiempo sin cometer un error, pero hay herramientas para minimizar el impacto de nuestras malas decisiones. Una de esas herramientas es el autocontrol: gracias a la fuerza de voluntad, a la moderación y al cultivo de la resiliencia, se consigue el autocontrol, que lleva a la virtud.

Cómo entrenar el autocontrol

Vamos a ver esto último con un ejemplo. Imagina que has puesto mucha ilusión en algo: puede ser un concierto que llevas tiempo esperando, las elecciones presidenciales de tu país, la final de futbol que disputa tu equipo, un ascenso en el trabajo, etc.

¿Cómo te sientes? ¿Ilusionado? ¿Sientes que realmente «mereces» que eso ocurra?

Ahora imagina que las cosas no salen como tú esperabas: el concierto se cancela en el último momento, el partido político al que votaste no gana las elecciones, le dan el ascenso a otra persona o tu equipo pierde la final de futbol.

- ¿Cómo te sientes ahora?

- ¿Cómo vas a calmar tu frustración?

- ¿Y si otros imprevistos empeoran la sensación de fracaso, por ejemplo, alguien se burla de tu derrota, o te anuncian que no se te devolverá el dinero de la entrada al concierto, o el ascenso ha sido por enchufe?

- ¿Cómo llevas la sensación de impotencia ante la injusticia?

Pues bien, esas cosas pasan. Pasan cada día, le pasan a todo el mundo. No digo que debas estar de acuerdo. Digo que no eres el único que sufre injusticias y que debes estar a la altura. ¿Qué haces entonces? Lo primero, pregúntate:

- ¿Qué parte de responsabilidad o control tenías tú sobre esos acontecimientos?

- ¿Podrías haber hecho algo para cambiarlos?

Si las respuestas son negativas, solo te queda trabajar en tu actitud. Si realmente crees que podrías haber hecho algo más por esa «causa», puedes aprender una lección para la próxima ocasión.

Y no estoy diciendo que no te afecte ver a tu equipo perder el campeonato o que te hayan «robado»: estoy diciendo que tus emociones no deben dominar tus actos. ¿Le vas a poner mala cara a tu pareja, que no tiene la culpa, porque a tu equipo lo han machacado en el campo? ¿Has decidido que, si tú estás frustrado, nadie tiene derecho a estar bien? Estas actitudes, ¿están alineadas con tu mejor versión? ¿O son infantiles? ¿Indican un adecuado autocontrol?

Ejercicio del día:

ESTOICISMO = ACEPTACIÓN + VIRTUD + AUTOCONTROL

1.   Te invito a que te observes a ti mismo en distintas situaciones de tu día a día. Observa cómo te hacen sentir los contratiempos, los incidentes, las sorpresas desagradables, las personas poco respetuosas.

2.   Antes de reaccionar, obsérvate: lo que vas a hacer o decir, ¿es reflejo de tu mejor versión? ¿Es lo más inteligente, lo más justo que puedes hacer? Recuerda que no se trata de reprimir emociones, sino de actuar de la mejor forma posible según tus propios intereses y valores.

Acepta lo que no depende de ti

Decimos que el estoicismo te enseña a mantener una mente tranquila al margen de lo que pase y te ayuda a concentrarte en lo que puedes controlar en vez de preocuparte por lo que no puedes controlar. Y eso se hace mediante la aceptación.

La aceptación es uno de los tres pilares del estoicismo y es importante entender qué significa. Porque «aceptar» no es igual a tragar ni a rendirse. ¿Qué es la aceptación en el contexto estoico?

- Aceptar significa no negar la evidencia. No ignorar que la realidad es como es, y no como nos gustaría que fuera o como la habíamos imaginado.

- Aceptar no significa que esa realidad nos guste o que estemos de acuerdo. Significa decirnos a nosotros mismos: «Ahora mismo, esto es lo que hay y tengo que aceptarlo, sea bueno o malo para mí».

- Aceptar tampoco es una llamada a la rendición o al conformismo. Es solo asimilar que eso ha ocurrido o es así y no está en nuestra mano, por ahora, poder cambiarlo.

¿Por qué es tan importante la aceptación para el estoicismo? Porque uno de sus principios es el de no pelear con lo que no podemos cambiar.

¿Qué debemos aceptar?

1. A nosotros mismos:

Aceptarnos implica no rechazarnos por cómo somos, ni física ni mentalmente. Aceptarnos significa reconocer que somos vulnerables e imperfectos, que cometemos y cometeremos errores y, aún así, ser dignos de vivir, de ser amados y de luchar por nuestros sueños.

2. Nuestra realidad actual:

La única forma de predisponernos a cambiar algo que no nos gusta es entender por qué no nos gusta y aceptar que eso nos hace sentir mal, pero que, ahora mismo, solo nos queda convivir con ello. Sin aceptación de la realidad no hay cambio posible.

3. Nuestra parte emocional:

Nuestro físico, nuestros errores y nuestras limitaciones nos provocan emociones continuamente. Aceptar cada una de ellas no significa que estemos encantados con el tema: significa aceptar que no somos dueños de lo que sentimos, solo podemos ser dueños de lo que hacemos con nuestras emociones.

4. **Nuestro pasado:**

Aceptar el pasado no significa estar de acuerdo con lo que ocurrió, claudicar, afirmar que algo injusto fue justo o hacer como si nada hubiera ocurrido. Aceptar el pasado significa entender que, desde el presente, solo podemos cambiar nuestra actitud. Si eso implica tomar nuevas acciones, estas deben ser fruto de decisiones calmadas, no de sed de venganza o de «recuperar el tiempo perdido».

El pasado no se recupera ni se puede cambiar, solo la forma cómo nos afecta.

Los signos del paso del tiempo en el cuerpo, la baja estatura, la ocupación actual en comparación con lo que soñaba de joven, la situación económica en comparación con la de algún familiar... Son ejemplos que me han dado mis pacientes sobre cosas que les cuesta mucho aceptar. Seguro que no son muy distintas a las tuyas.

Ejercicio del día:

<u>ACEPTANDO LO QUE NO NOS GUSTA</u>

1. Piensa en algo de tu vida que te provoque vergüenza, malestar, culpabilidad, baja autoestima, etc.

2. Haz el ejercicio de aceptarlo. Recuerda que «aceptar» no es que te guste, es solo entender que ahora mismo no lo puedes cambiar. Busca argumentos para aceptarlo y, a la vez, no mortificarte por cómo te sientes.

3. Si hay algo que sí puedes hacer para sentirte mejor, hazlo.

Estoicismo para las heridas del alma

Hemos dicho que una parte esencial de la aceptación estoica es la realidad que ya no podemos cambiar, es decir: el pasado.

Ahora mismo, el pasado no existe: lo que existe son sus secuelas y la forma como nos relacionamos con ellas y con los recuerdos. ¿Cómo podemos cambiar algo que ya no existe? Cambiando nuestros pensamientos para generar emociones distintas y que estas nos permitan soltar lo que ya no tiene sentido que siga con nosotros.

Si eres como el 90% de la gente, arrastras heridas y traumas del pasado. Son muy pocas las personas que llegan a la edad adulta sin haber sufrido cosas que nunca tendrían que haber sufrido: un padre abusivo, un accidente grave, la muerte de un ser querido, pobreza, miedo, violencia, una enfermedad grave, *bullying*, etc.

En muchos casos, la mayoría de nosotros seguimos con heridas abiertas toda la vida, quejándonos por lo que nos ocurrió y pensando en la vida que podríamos haber tenido de no ser por ese pasado traumático. Es natural y es humano pensar y sentir así. Pero llega un momento en que hay que levantarse.

No somos nuestro pasado

Si sigues sin ser capaz de mirar al pasado sin hundirte, si sientes rabia, odio o rencor por una injusticia que sufriste, si lloras a menudo por lo que te hicieron, si no puedes pasar un solo día sin exigirle al mundo que te recompense por aquella falta, si recreas escenas del pasado en bucle... Es momento del auto distanciamiento.

¿Qué es el auto distanciamiento?

El auto distanciamiento es un ejercicio mental que nos permite **tomar una perspectiva externa** sobre la experiencia traumática. ¿Qué pensarías si fuera otra persona la que hubiera sufrido ese pasado? ¿Qué le dirías? ¿Serías compasivo con ella? Puedes mantener un diálogo con esa «otra persona» y preguntarle:

- ¿Hasta qué punto fue culpa tuya? Si lo fue, ¿qué tendría que ocurrir ahora para dejar de sentirte así?

- ¿Cómo te gustaría pensar sobre ese pasado dentro de 10 años?

- ¿Qué ocurriría si, por arte de magia, se te borrara ese episodio de tu mente? Si lo que sientes es vértigo o angustia, significa que estás encadenado a ello, y que aún lo necesitas como seña de identificación. No puedes soltar ese pasado porque no sabes cómo llenar el presente. Busca maneras de llenarlo y podrás soltar.

Recuerda esto: el pasado es el lugar del que aprender, no el lugar donde vivir.

Para terminar esta jornada, te dejo con unas palabras de la actriz Carrie Fisher, la primera Princesa Leia de Star Wars: *«Perdonar a los demás no significa que estés de acuerdo con lo que te hicieron, simplemente significa que estás dispuesto a dejarlo ir».*

Ejercicio del día:

DEJANDO EL PASADO ATRÁS

1.   Imagina que conoces a una persona que vive con un gran dolor por un episodio del pasado que no ha sabido superar.

2.   Imagina que ese dolor es justamente lo que a ti no te deja vivir. Si ese problema no lo tuvieras tú sino solo esa persona, ¿qué le dirías? ¿Cómo tratarías de calmarla y reconfortarla? ¿Te parecería justo que esa persona viviera mortificada por eso?

3.   Una vez hecho este ejercicio, ¿te parece que tu dolor es igual de intenso? ¿Te has reconciliado un poco más con tu pasado?

Renunciar al control

Un momento: ¿no habíamos dicho que uno de los pilares del estoicismo era el autocontrol?

Sí, es así. Pero aquí estamos hablando de renunciar a controlar lo que no depende de nosotros. Es distinto al autocontrol, que es el entrenamiento de nuestra propia voluntad para tomar las riendas de nuestra vida.

Renunciar al control es sinónimo de desligarnos de los intentos por modelar la realidad a nuestra medida en vez de adaptarnos nosotros a la realidad. Como decía Michel de Montaigne, un pensador humanista del

Renacimiento francés, «*Al no poder gobernar los eventos, yo me gobierno a mí mismo*».

¿Qué cosas escapan a nuestro control? Todas aquellas por las que sería absurdo que alguien nos pidiera cuentas ahora mismo. Por ejemplo:

- Las acciones de otras personas si no han estado inducidas por nosotros.

- El futuro.

- Los sucesos naturales o sociales del mundo.

- La meteorología.

- Las epidemias.

- Los precios globales.

- Lo que hacen los animales en la selva.

¿Qué cosas sí están en nuestra mano?

- Nuestras decisiones (pero no el resultado).

- Nuestra actitud.

- Nuestras conclusiones.

- Nuestros pensamientos.

- Nuestras acciones.

- Nuestros hábitos.

Parece fácil, ¿no? ¿Cuál es el problema? Pues que a menudo confundimos lo que sí y no podemos controlar. Nos frustramos ante cosas que nunca fueron nuestra responsabilidad y olvidamos lo que sí debemos hacer.

Así que, para renunciar correctamente al control, debemos aprender:

- A identificar lo que sí y lo que no está en nuestra mano. Y eso se logra con práctica y siendo conscientes de ello.

- A dejar de frustrarnos por lo que no podemos controlar.

- A potenciar nuestros propios recursos ante situaciones en las que sí podemos intervenir.

- A relativizar las «desgracias». Nuestra vida no es un camino de espinas, sino de rosas y de oportunidades, acompañadas, eso sí, de algunas espinas.

- A confiar más en nuestra capacidad de cambio.

Cuando más te centres en tu propia responsabilidad sobre los actos que realizas y las decisiones que tomas, menos torturado estarás por las cosas que no están en tus manos.

Ejercicio del día:

<u>RENUNCIANDO A LA TRAMPA DEL CONTROL</u>

1.   Enumera algunas actividades y sucesos que ocurrieron en tu día de ayer, añadiendo un signo + o un signo – junto a cada una en función de si te agradaron o te desagradaron. Por ejemplo: te levantaste a las 6 de la mañana (-); desayunaste (+); fuiste al trabajo (-); te pilló una tormenta (-); hubo un imprevisto y trabajaste dos horas más de lo que debías (-), saliste con tu pareja (+), etc.

2.   Decide cuáles de esas cosas estaban bajo tu control. Por ejemplo, si no te sientes bien desayunando bollería industrial, ¿está dentro de tu control cambiarlo? Y si no te gusta tu trabajo, ¿puedes dejarlo ahora mismo?

3.   Enfócate en cambiar lo que puedes y cambia tu actitud hacia todo lo demás.

Ataraxia, Mindfulness y Viktor Frankl

Para mucha gente, el descubrimiento del Mindfulness ha sido la solución para aprender a no alterarse por la realidad que no está en su mano cambiar. Lo curioso es que la no alteración desde el Mindfulness y la no alteración desde el estoicismo son conceptos muy similares. Por eso, me parece útil recordar brevemente en qué consiste el Mindfulness.

El Mindfulness es un método de entrenamiento mental con más de dos milenos de historia (es anterior incluso al estoicismo), para la gestión de emociones, pensamientos y acciones. Mediante su práctica logramos poner nuestro dolor y nuestro estrés bajo control. ¿Cómo? Evitando juzgar la realidad desde la emoción, limitándonos a observarla desde la neutralidad. Esa neutralidad no se debe a que somos robots sin sentimientos, o somos egoístas e indiferentes a todo, sino a que somos conscientes de hasta dónde llega nuestra capacidad para controlar lo que sucede a nuestro alrededor. De esa forma, nos prepararemos para actuar sobre lo que sí podemos cambiar.

La técnica para entrenar esa neutralidad emocional desde el Mindfulness es la meditación. Existen muchos tipos de meditación, desde ejercicios modernos hasta estrictamente budistas, y el objetivo es el mismo: no permitir que nos dobleguen las tempestades externas por no saber navegar nuestro propio barco.

Por su parte, la ataraxia estoica es un estado de tranquilidad y paz mental provocadas por la imperturbabilidad. Al no permitir que las circunstancias externas perturben nuestra mente, podemos centrarnos en alcanzar la serenidad mental.

Estoicismo en Auschwitz

Suelo citar a Viktor Frankl[8] en mis libros por su doble ejemplo: como psiquiatra y como superviviente de campos de exterminio nazis. En este libro lo mencionaré porque él mismo adoptó el estoicismo como método de supervivencia durante su terrible experiencia en Auschwitz, aunque tal vez sin ser del todo consciente de ello (ya he dicho que muchos de nosotros adoptamos prácticas estoicas sin saberlo).

Para Viktor Frankl, igual que para el estoicismo, las personas no son lo que les pasa. Su voluntad de sentido, sus valores, su libertad de pensamiento, van más allá de lo que les ocurre, y deben mantenerse por encima de toda

---

[8] Viktor Frankl fue un importante neurólogo y psiquiatra que sobrevivió a tres años en campos de concentración nazis. Su dura experiencia lo llevó a escribir *El hombre en busca de sentido*.

circunstancia exterior. Incluso si esa circunstancia se llama Auschwitz y es un campo de concentración.

«Entre el estímulo y la respuesta hay un espacio. En ese espacio es donde podemos elegir nuestra respuesta. En nuestra respuesta reside nuestro crecimiento y nuestra libertad».

Estas palabras de Frankl significan que nada debe determinar nuestra actitud más allá de nosotros mismos. Y nuestra actitud tiene que ver con nuestros valores y nuestro rumbo, no con lo que nos hagan los demás.

Cada vez que la vida me golpea a mí o a mis pacientes, repito las palabras que Viktor Frankl dirigía a sus compañeros prisioneros: *«Sea lo que seu lo que le hayan quitado en su llegada al campo de concentración, hasta el último suspiro nadie les puede quitar la libertad de enfrentarse de una u otra manera a su destino. Y siempre hay una u otra manera».*

Llevando las enseñanzas de Viktor Frankl a nuestra vida diaria, déjame hacerte una pregunta: Si él aceptó perderlo todo en los campos de concentración, donde asesinaron a toda su familia, incluida a su mujer embarazada, y donde le quitaron todo por lo que vivía, ¿qué no puedes aceptar tú? Y recuerda: aceptar no significa estar de acuerdo.

Ni el estoicismo, ni el Mindfulness ni las enseñanzas de Viktor Frankl deben entenderse como un embudo para seguir tragando injusticias o cualquier otra cosa: son prácticas para no dejar que nada ni nadie nos doblegue. Nunca son llamadas a la inacción, son llamadas a la no reacción visceral, porque va en contra de nosotros mismos.

Ejercicio del día:

<u>ESTOICISMO FRENTE A LAS INJUSTICIAS</u>

1.	Reflexiona sobre alguna injusticia que hayas sufrido.

2.	Cuando piensas en ella, ¿tienes sed de venganza? Si es así, ¿cuál crees que sería tu venganza más inteligente? ¿Tal vez demostrar que nada de lo que te hicieron te ha afectado lo más mínimo?

3.	¿Cómo mantendrías tu impasividad? Recuerda que no se trata de aguantar injusticias, sino de no permitir que estas te corrompan.

Las 4 virtudes cardinales del estoicismo

Aunque la palabra «virtud» tiene connotaciones místicas y religiosas, para los estoicos es una forma de referirse a la excelencia moral, a la paz de espíritu y/o a la felicidad.

Para el estoicismo, todas las virtudes (la tolerancia, la paciencia, la lealtad, la prudencia, la generosidad, etc.), son importantes. Pero hay cuatro que son imprescindibles:

1- La sabiduría práctica:

Lo que los griegos llamaban *phrónesis*. Es el conocimiento a partir de la experiencia y el sentido común (no el saber teórico o académico). En palabras de Marco Tulio Cicerón[9]: «*No basta con alcanzar la sabiduría, es necesario saber utilizarla*». La *phrónesis* es lo que nos permite:

- Determinar la mejor decisión en cada situación particular.

- Elegir adecuadamente los pensamientos y la actitud con los que convivimos.

- Interpretar los problemas de forma realista.

- Identificar las oportunidades.

2- La templanza:

Esta virtud se logra con fuerza de voluntad y una buena gestión de las emociones. La templanza es lo que nos permite:

- Frenar la impulsividad.

---

[9] Cicerón fue un escritor, filósofo y político romano que vivió unos cien años antes de Séneca. No fue un estoico puro, pero el estoicismo sí influyó en su manera de pensar.

- Dar valor a los placeres de la vida, entendiendo que son momentáneos y que requieren sacrificios.

- Mantener a raya la necesidad de éxito, el egoísmo, la adulación (ego excesivo), etc.

3- La justicia:

Para los estoicos, la justicia es un bien en sí mismo y se define como «una fuerza cívica que subyace en una sociedad sana». La justicia no se practica para evitar el castigo, ni para ser admirado por los demás: se hace por responsabilidad personal.

Ser justo pasa por:

- Ser un buen ciudadano.

- Ser capaz de liderar con imparcialidad y transparencia, no con crueldad ni abuso de poder.

- Ser capaz de trabajar en equipo (sí, los estoicos ya valoraban la importancia de ser un buen compañero de trabajo).

- Cuidar las relaciones personales, respetando siempre al otro.

- Ante la injusticia de otros, responder con integridad, no por venganza.

Es importante entender que ser justo va más allá de cumplir las leyes: la justicia estoica se enmarca en lo moral, no en la legalidad. Tiene que ver con el sentido personal del respeto por la vida, la integridad y la dignidad de todas las personas. Por eso mismo, a veces, la justicia estoica exige romper con las leyes si no son justas.

En cuanto al respeto por los animales, el propio emperador Marco Aurelio dejó por escrito que, si bien los animales sirven para alimentarnos y como «herramientas de trabajo», cualquier trato cruel hacia ellos quedaba fuera de los valores de un hombre sabio. Antes de él, el propio Séneca se había vuelto vegetariano porque entendía que el respeto hacia la naturaleza implicaba respetar la vida de los animales, y se oponía a los espectáculos basados en el maltrato a esclavos y animales.

4- **El coraje:**

Es la virtud de seguir haciendo lo que es correcto a pesar de las circunstancias. Hacer algo justo en condiciones normales es fácil, hacerlo en condiciones adversas requiere valentía. Esa valentía es necesaria para:

- Frenar el propio ego cuando se cometen errores.

- Aceptar la renuncia cuando sea inevitable.

- Encajar las críticas.

- Superar los propios límites para crecer.

- Dar la cara en situaciones de crisis.

- No someterse al miedo al futuro, a los demás, a la muerte.

Ejercicio del día:

TUS CUATRO VIRTUDES CARDINALES

1.   Piensa en alguna situación de esta misma semana que te haya permitido ser virtuoso, es decir, comportarte según alguna de las cuatro virtudes cardinales.

2.   ¿Has aprovechado para comportarte de esa forma? Si no es así, ¿por qué?

3.   ¿Estás listo para hacerlo la próxima vez? Comprométete con ello. Si es necesario, póntelo por escrito.

Coraje no es ausencia de miedo

Hemos dicho que para los estoicos el coraje es la virtud de seguir haciendo lo correcto pase lo que pase a nuestro alrededor. No tiene nada que ver con no tener miedo, ni con realizar hazañas temerarias para alimentar nuestro ego: tiene que ver con actuar siempre conforme a nuestros valores, haya gente mirando o no.

En este sentido, el coraje también es denunciar lo que nos parece intolerable, aunque sea algo socialmente aceptado y seamos los únicos «locos» que nos opongamos a ello. Séneca se volvió vegetariano por respeto a los animales en una época en que eso se consideraba un disparate, y no solo eso: también denunció la crueldad del circo romano, cuando era uno de los pasatiempos preferidos de su tiempo. Podría haberse callado y seguido la corriente. Pero no lo hizo, y sus principios lo llevaron a ganarse muchos enemigos (ya hemos dicho que hasta tres emperadores distintos quisieron ejecutarlo).

A lo largo de la historia han existido muchas otras figuras, mujeres y hombres, que han renunciado a su libertad, a una vida de placeres o al éxito por actuar según sus propios valores. De Juana de Arco a Nelson Mandela, de la Premio Nobel de la Paz Tawakul Karman a la activista de Liberia Leymah Gbowee, de Martin Luther King a Hipatia. Muchas de esas personas encontraron la muerte por defender sus causas.

A la mayoría de nosotros, sin embargo, nuestro día a día no nos ofrece situaciones tan adversas o arriesgadas. ¿Cómo entrenamos nuestro coraje entonces? ¿Cómo lo usamos, si nuestras obligaciones pasan por ir cada día a la oficina?

Coraje y lucha

Nuestras luchas tal vez no sean por una causa mundial. Seguramente, son contra el desgaste diario, el estrés, el embotamiento mental o los traumas del pasado. Tal vez no suene muy heroico, pero también se necesita coraje para ir cada día a la oficina y no rendirse.

Aquí van 8 ejemplos de coraje en nuestro día a día que pasan desapercibidos y que deberíamos valorar más:

1- Ir a trabajar para sacar la familia adelante, aunque odiemos nuestro trabajo.

2- No descargar en los demás nuestro malestar por el hecho de sentirnos furiosos por algo.

3- No ser injustos o egoístas, aunque los demás lo sean.

4- No primar la ley del más fuerte (que siempre acaba en abuso) por encima de la solidaridad o la colaboración.

5- No elegir el camino más corto si conlleva hacer trampas.

6- Realizar sacrificios por amor: desde aceptar sufrir el dolor del parto por nuestro hijo hasta renunciar a unas vacaciones por cuidar de alguien que nos necesita.

7- Decir «no» sabiendo que va a haber consecuencias incómodas.

8- No venderse por dinero.

Ser estoico también significa ser íntegro. Y cuanto más oscuros se vuelven los tiempos en los que vivimos, más coraje se necesita para ello.

Ejercicio del día:

CORAJE PARA SEÑALAR LA INJUSTICA

1.   Piensa en algo que te parece injusto o contrario a tus valores, pero que a la mayoría de la gente les parece bien o que «no hay para tanto»: maltratar tu cuerpo con alcohol o drogas, mostrar actitudes racistas o sexistas, hacer bullying a algún compañero de trabajo (o incluso a alguien de tu familia), serle infiel a tu pareja, hacer trampas, etc.

2.   Disponte a oponerte a esa práctica o dinámica a partir de ahora. ¿Cómo lo harás?

3.   ¿Qué consecuencias tendrá para ti? ¿Te dan miedo esas consecuencias?

Las 3 disciplinas estoicas: Deseo, Acción y Asentamiento

Junto a las cuatro virtudes cardinales que ya hemos visto (sabiduría práctica, templanza, justicia y coraje); y los tres pilares en que se apoya (la aceptación, la virtud y el autocontrol), el estoicismo reconoce tres disciplinas, que son las vías de actuación. Son las disciplinas del deseo, de la acción y del asentimiento. Vamos a verlas:

La disciplina del deseo

La disciplina del deseo es la virtud de saber lo que es y no es adecuado desear, teniendo en cuenta la distinción estoica entre lo que está y no está en nuestra mano obtener. Para el estoicismo, los deseos vacíos (los «ojalás»), no ayudan al crecimiento. En cambio, los deseos justos que van acompañados de trabajo y determinación son útiles porque nos ayudan en nuestro propósito.

Para el estoicismo, pues, hay que ser sabio también para desear cosas, ya sean materiales o espirituales. Epicteto lo resumía así: *«No busques que los eventos sucedan como deseas, sino desea que los eventos sucedan como suceden y tu vida transcurrirá sin problemas y con serenidad».*

La disciplina de la acción

La disciplina de la acción es la aplicación en la vida diaria de la ética estoica.

Los estoicos instan a hacer todo lo posible por actuar con virtud mientras aceptamos el resultado de nuestras acciones, sea el esperado o no. Debemos recordar que podemos controlar la intención de nuestros actos, pero no el resultado. El carácter debe prevalecer por encima de las circunstancias. Por eso, actuar con virtud es el único bien verdadero y suficiente por sí mismo para la plenitud.

La disciplina del asentamiento

La disciplina del asentamiento es la aplicación a la vida diaria de la lógica estoica, la que mencionábamos en el capítulo 3.

Es vivir de acuerdo con la razón tanto en nuestra manera de pensar como de comunicarnos. Esta disciplina está asociada tanto con la lógica como con la virtud cardinal de la sabiduría.

¿Por qué se llama del asentamiento? Porque es una disciplina que insta a anclarse en nuestras posiciones (en asentarnos) sobre lo que es justo para evitar avanzar hacia algo que nos desvía del camino correcto.

Gracias a su entrenamiento mental, los estoicos notaban enseguida los primeros signos de deseos y pensamientos malsanos, y eso les permitía no avanzar, anclándose en su asentamiento.

Ejercicio del día:

LA CIUDADELA INTERIOR

1.   El filósofo moderno Pierre Hadot, conocido por sus aportes al estoicismo contemporáneo, llama a la disciplina del asentamiento la «ciudadela interior» porque es como un vigilante o supervisor interior de nuestras acciones.

2.   Trata de comportarte tú también como si ya tuvieras tu ciudadela interior: un guía (puedes imaginártelo como coach también) que vigila tus acciones, no para castigarte, sino para advertirte cuando te desvías.

3.   Obsérvate y decide si esa ciudadela interior te ayuda en tu crecimiento y ponte algunos ejemplos sobre su utilidad.

Practica la moderación

Vamos a dedicar un par de jornadas de este particular *bootcamp* sobre estoicismo a un concepto esencial para esta filosofía de vida: la moderación.

Los estoicos daban mucha importancia a la moderación, de ahí su fama de aguafiestas. La moderación es parte esencial de la templanza (recuerda: una de las cuatro virtudes cardinales de los estoicos), y es esa especie de freno mental que no nos permite pasarnos de la raya. ¿Por qué ir con el freno puesto? Porque la felicidad se logra a través de la moderación, no del exceso. Vamos a verlo.

Según el estoicismo, el objetivo último del ser humano es la felicidad que genera la virtud o excelencia moral. La felicidad se alcanza por medio de la moderación, y esta se basa en las conductas equilibradas, las que están en el punto medio entre exceso y defecto. Para los estoicos, las cosas que nos hacen felices no son buenas ni malas en sí, sino que es el uso que les damos lo que puede ser virtuoso o inapropiado.

Moderación significa equilibrio. Traspasado a nuestra época, para nosotros sería vivir evitando:

- Las discusiones a gritos y la violencia.

- El abuso de la comida o la bebida.

- La pereza.

- El lujo, la ostentación y la opulencia.

- La ambición descontrolada.

- El hedonismo o exceso de gratificación instantánea.

– El culto al ego (propio o de otras figuras idealizadas).

Felicidad y «parches»

¿Cuál es la diferencia entre la «verdadera» felicidad y los «parches» de placer a los que sucumbimos?

La diferencia entre hacer algo conscientemente por nuestra felicidad y hacerlo buscando la gratificación instantánea está en el *feedback* a medio o largo plazo que obtenemos. Todo lo que hacemos en pro de la felicidad o excelencia nos sigue satisfaciendo a la larga (incluso si es un capricho). Todo lo que hacemos sabiendo que se desvía de la virtud, tiene una recompensa volátil y termina avergonzándonos. Si vamos a una fiesta en vez de quedarnos en casa a estudiar para un examen, ¿cómo nos sentiremos el día del examen respecto a esa decisión? ¿Salir de fiesta fue una decisión basada en la búsqueda de la felicidad permanente o del placer inmediato?

La privación estoica

Para practicar la moderación y alejarse de las tentaciones, los estoicos a menudo se ponían a prueba a sí mismos mediante prácticas de privación, es decir, renunciando a disfrutar de algo que les gustaba durante un tiempo concreto.

¿Lo hacían para amargarse la vida? No, lo hacían para entrenar su fuerza de voluntad en la moderación (su autocontrol) y, sobre todo, para valorar las cosas buenas que tenían y a las que muchas veces no daban importancia.

¿Cómo lo hacían? ¿Cómo puedes hacerlo tú?

1. Elige una actividad que te guste, algo que te relaje o que te divierta: puede ser una comida, un rato de entretenimiento a través del móvil, un rato de televisión por la noche, una cerveza

al volver del trabajo, calzar tus mejores zapatillas deportivas, etc. Debe ser algo NO esencial, por supuesto.

2. Decide cuánto tiempo vas a estar sin esa actividad o pequeño placer: un par de días, una semana, dos meses.

3. Prepárate mentalmente para lo que vas a hacer: recuerda que lo haces de forma voluntaria y que es temporal.

4. Empieza tu período de renuncia. Si es más fácil para ti, sácalo de tu vista: guarda las deportivas en un sitio donde no las veas, retira la cerveza de la nevera, etc.

5. Observa cómo te sientes. ¿Te está siendo fácil o difícil? ¿Escuchas los mensajes de tu propio cerebro diciéndote que estás haciendo una tontería y que este ejercicio no sirve de nada?

Termina tu periodo de renuncia y saca conclusiones. ¿Has logrado cumplir el reto? ¿Has aprendido algo de ti mismo?

Tengo comprobado que, a la larga, la moderación genera mucha más felicidad y paz interior que una vida de máximos placeres con el mínimo esfuerzo. Porque en el esfuerzo va también el saber apreciar correctamente lo que nos satisface.

Ejercicio del día:

<u>ANALIZA TU NIVEL DE MODERACIÓN</u>

1.   Te invito a que realices tu propia lista de conductas y actividades que sientes que están desequilibradas, es decir, de las que abusas. Por ejemplo: jugar a videojuegos.

2.   Trata de encontrar el punto de equilibrio en la práctica de ese placer o capricho: quizás dedicarle un par de horas un domingo por la tarde puede ser moderado, mientras que quedarte jugando toda la noche no lo es.

3.   Comprométete a realizar esa actividad en función de lo que te has propuesto para mantener el equilibrio.

DÍA 17

Estoicismo en el centro comercial

«Las cosas que posees terminan poseyéndote».
— Joshua Fields Millburn[10].

Es momento de hablar de la moderación en algo que ha cambiado mucho de la Antigüedad hasta ahora: la capacidad de poseer cosas. Porque, a pesar de que nos separan más de dos milenios, los estoicos ya intuían el peligro de amar lo material. Por eso, promovían el desapego por las cosas y la importancia de centrarse en lo esencial.

---

[10] Creador y divulgador del Minimalismo junto a su compañero Ryan Nicodemus, Joshua Fields nació en 1981 en una familia pobre y desestructurada de Ohio. Dedicó su juventud a ganar el máximo de dinero posible para ser feliz. No resultó y cambió radicalmente de vida.

Actualmente, el mundo se ha convertido en un enorme centro comercial. Compramos infinidad de cosas, algunas desde la otra punta del mundo, y nos llegan a casa en dos días. Sin embargo, la mayoría de esas cosas no nos hacen felices. Solemos decir que la vida está muy cara, pero compramos y consumimos de forma compulsiva, como verdaderos drogadictos. Y como nada nos satisface durante demasiado tiempo, enseguida volvemos a la carga en busca de ese chute de dopamina [11] que nos produce adquirir cosas nuevas.

Por suerte, ya hace tiempo que algunas corrientes de pensamiento promulgan el consumo responsable, no solo por una cuestión de responsabilidad ecológica, sino también por nuestra propia dignidad. Estas corrientes han demostrado que la felicidad se alcanza con menos

---

[11] La dopamina es la hormona relacionada con la sensación de recompensa. Nuestro cerebro no distingue cuándo esa dopamina aparece como resultado de una acción correcta y cuándo aparece tras un impulso o capricho, por lo que la experiencia es similar.

cosas y que una vida con sentido y con propósito pasa por romper las cadenas de lo material. Es decir: igual que lo veían los estoicos en la Antigüedad. Para Séneca:

«No es el hombre que tiene muy poco, sino el hombre que anhela más, el que es pobre».

Una de estas corrientes apareció en Estados Unidos de la mano de dos antiguos ejecutivos de éxito. Hablo a menudo de ellos porque me parecen un gran ejemplo: son los minimalistas.

Los minimalistas o los nuevos estoicos

El Minimalismo nació hace poco más de una década, cuando, con treinta años, los amigos Joshua Fields y Ryan Nicodemus dejaron atrás sus altos sueldos en empresas de primera línea, se deshicieron de sus posesiones (que eran muchas y muy caras), y decidieron seguir solo con lo que era esencial para ellos. Ello les permitió reparar sus vacíos existenciales, descubrir quiénes eran realmente y centrarse en lo que consideraban importante: sus valores, su familia, su amor, su dignidad, su alegría.

En una sociedad donde se equipara éxito a dinero, los minimalistas encontraron la felicidad en la moderación de la misma forma que Zenón de Citio hizo hace 2.300 años.

¿Cómo podemos acercarnos nosotros a un estilo de vida más minimalista? Es más sencillo de lo que parece, basta con dar un vistazo a nuestro alrededor: ¿cuántas de las cosas que tenemos necesitamos o nos hacen felices? ¿Cuántas cosas compramos por impulso, por aburrimiento, por dependencia, por presumir...?

«Un estilo de vida minimalista implica ser consciente de las cosas que poseemos, las cosas que

compramos y cómo invertimos nuestro tiempo».

— Francine Jay[12]

Replantearnos los hábitos de consumo

Para devolver el valor que realmente tienen las cosas en nuestra vida, es necesario dejar de depender de ellas emocionalmente, es decir, dejar de otorgarles un poder que no tienen. Aquí van algunas ideas inspiradas en los aprendizajes de los minimalistas y que coinciden con la práctica de la moderación estoica:

- Deja de acumular cosas en tu casa: cada vez que compres algo nuevo, deshazte de algo. Si algo entra en casa, algo debe salir.

- Haz listas de compras y respétalas.

- Sé materialista, es decir: valora cada objeto por lo que es, sin otorgarle «poderes

---

[12] Francine Jay (Estados Unidos, 1990), también conocida como Miss Minimalist es la autora de *The Joy of Less*.

mágicos». Ningún objeto tiene el poder en sí mismo de generar felicidad.

- Recuerda que la mayoría de las cosas que compras están hechas por gente explotada.

- Traduce el precio de cada cosa que compras a horas de tu trabajo. ¿Cuántas horas necesitas para adquirir eso?

Recuerda que el dinero está a nuestro servicio, no al revés, y es la vía para hacer cosas maravillosas, no para acumular trastos en casa. Cada uno debe encontrar su propia forma de relacionarse con su dinero sin consagrar la vida a trabajar para comprar cosas para calmar la ansiedad.

Ejercicio del día:

ESPERA EL PRECIO DE UN CAPRICHO EN HORAS

1. Piensa en algo que te apetece mucho tener o consumir. Pueden ser un par de zapatos nuevos, una cena en un restaurante de moda, una escapada a no sé dónde, una camisa...

2. Ahora espera el tiempo que equivale a su precio: si vale 40 €, espera 40 horas antes de comprarlo. Si vale 500 €, espera 500 horas.

3. Si, pasado ese tiempo, sigues creyendo que lo necesitas y que va a contribuir a tu crecimiento o felicidad verdadera, entonces cómpratelo. De lo contrario, no gastes tu dinero en ello: no lo vale.

Estoicismo e inteligencia emocional

Gran parte de nuestro malestar emocional proviene de situaciones donde actuamos en contra de nuestros propios intereses o nuestra dignidad. Lo hacemos para evitar el conflicto, para obtener la aprobación de alguien o conseguir algo de forma fácil. Es ahí donde nuestra conciencia se rebela y nos envía malestar y emociones negativas para que reaccionemos. Esas emociones nos indican que nos estamos traicionando a nosotros mismos.

Los estoicos eran muy conscientes de ello, por eso insistían en que había que mantener las emociones bajo control, pero no reprimiéndolas (eso no sirve de nada), sino actuando de forma alineada con nuestros principios.

¿Por qué sentimos emociones?

Las emociones actúan como señales externas. Son experiencias subjetivas que aparecen ante una realidad, y que tienen por objetivo guiarnos o advertirnos. Las emociones que consideramos agradables o positivas nos indican que «todo va bien», o que «vamos por el buen camino»; mientras que las emociones negativas nos alertan de un peligro. Este peligro puede ser real o percibido, ya que lo que revelan es que se está dando un desacuerdo entre nuestras creencias sobre cómo debería ser una determinada realidad, y cómo está siendo en verdad esa realidad.

Las emociones son inevitables y aparecen sin nuestro consentimiento. Pero solo son las mensajeras, así que es inútil ignorarlas o intentar ahogarlas. En vez de eso, debemos aprender a lidiar con ellas para que no nos arrastren.

¿Por qué dar tanta importancia a algo que es subjetivo y que suele ser cambiante? Porque las emociones que no se entienden o no se controlan llevan a tomar malas decisiones.

Sinergia: Estoicismo - Inteligencia emocional

Nuestro espectro emocional es realmente amplio y consta de más de cien emociones distintas: alegría, tristeza, ira, miedo, amor, odio, ternura, asco, erotismo, culpa, euforia, gratitud, rencor, vergüenza, envidia, esperanza, admiración... Lo que predica el estoicismo mediante la defensa del autocontrol o la templanza es lo que, veintitrés siglos más tarde, hemos venido a llamar «inteligencia emocional».

La inteligencia emocional es la habilidad para identificar nuestras emociones y las de la gente que nos rodea con el fin de usarlas como información para conocer el punto en el que nos encontramos y actuar en consecuencia. En cuanto a las emociones «positivas» o «negativas», ambas son útiles y necesarias. A todos nos gustaría sentir esperanza y amor continuamente, pero si se nos acerca un perro violento, preferiremos emociones intensas y desagradables que nos avisen de que hay que salir corriendo antes que una dosis de alegría en un momento inapropiado.

Ejercicio del día:

<u>ATENDIENDO A TUS PROPIAS EMOCIONES</u>

1.   ¿Recuerdas la última vez que sentiste una gran pena? ¿Y miedo? ¿O ira?

2.   Viéndolo en perspectiva, ¿por qué crees que sentiste estas emociones? ¿Fuiste capaz de gestionarlas correctamente, es decir, evitaste que te llevaran a tomar una mala decisión? ¿O además de estas sentiste culpa y vergüenza por no haberlas sabido gestionar?

3.   ¿Qué harías hoy si te ocurriera lo mismo? Escríbelo y guárdalo en un sitio accesible que puedas consultar cuando lo necesites.

Emociones disruptivas

La ira, la envidia, los celos, la culpa... Son emociones que inducen a cometer actos impulsivos, deshonestos, irreflexivos o egoístas. Son emociones que han dejado de ser adaptativas (útiles), y se han descontrolado.

Lo primero que debemos hacer es entender por qué han surgido y qué quieren decirnos esas emociones exageradas. Vamos a repasar las más comunes.

La ira: cuando explota la olla a presión

«Un rey no puede poner en pie a un ejército en un arrebato de ira, ni un general debe luchar

sobrecogido por el resentimiento».

— Chang Yu

La ira es una oleada de indignación que nos invade y que manifestamos mediante actos violentos como gritar, amenazar, traspasar límites físicos, etc. La ira no es una emoción que aparece de la nada, sino que es una olla a presión que lleva mucho tiempo ignorada y que ha terminado por explotar.

Así la definían los estoicos: la ira es una pasión irracional que perturba nuestra tranquilidad mental y nos aleja de la virtud. Pero hay dos tipos de ira o enfado: el adaptativo y el patológico. El adaptativo, como hemos dicho con otras emociones, nos indica que ya no podemos seguir callados ante una injusticia. El patológico es el resultado de un juicio erróneo sobre lo que nos conviene o nos perjudica, y se traduce en una reacción desproporcionada ante lo que vemos equivocadamente como una ofensa o una injusticia.

La ira indica que una situación se ha vuelto insoportable. Pero, a menudo, lo que ya no soportamos más no es lo que tenemos ante nuestros ojos, o aquello sobre lo que descargamos nuestra furia: la ira suele hacernos elegir mal a los que deben «pagar» por nuestro malestar.

¿Cómo se trata la ira desde el estoicismo? Con la templanza (que no es contraria a la firmeza ni a la defensa de los límites personales). ¿Qué hay que hacer? Esperar a que la ira pase como si fuera un ataque de tos.

Si sientes que la ira te invade, déjala que pase a través tuyo sin hacer nada. Márchate del lugar si sientes que puedes descargarla con quien no debes. La ira es una ola grande, pero igual que vienen las olas, se van. Solo hay que mantener la mente fría.

No hagas ni digas nada durante un ataque de ira. Si necesitas comunicar algo, solo di que necesitas unos minutos. No grites ni discutas, sal a pasear, escucha una canción, lo que sea para evitar que la ira te domine. Una vez pasado el impulso de la ira, es momento de la reflexión y el autoconocimiento: ¿dónde está el origen de esa rabia? ¿Contra quién va realmente? Recuerda que la ira es una llamada a la acción, pero no a la destrucción.

> *«Cualquier persona capaz de hacerte enfadar, se convierte en tu dueño».*
>
> — Epicteto

Los celos: el miedo al abandono

Los celos son el miedo a perder el amor, la atención o la aprobación de alguien. Son el terror al abandono. Los celos, además, nos llevan a confundir el amor que alguien nos da con el sentido de propiedad de esa persona. Epicteto decía: «No digas que has perdido a alguien: di que ese alguien ha sido devuelto». Así, animaba a ver el amor como un préstamo, nunca como una propiedad ni como una obligación de nadie hacia nosotros. Las personas no son de nuestra propiedad, ni tampoco su amor o aprobación.

Los celos también esconden el miedo a no ser dignos del amor o la atención que tenemos en un momento dado. Pensamos que alguien *que es mejor que nosotros* nos arrebatará lo que es nuestro. Pero la triste realidad es que siempre habrá alguien mejor que nosotros. Así que, si alguien elige a otra persona antes que a ti, actuar dominado por los celos no servirá de nada. Trabajar en la mejor versión de nosotros mismos es el antídoto contra ellos.

Envidia: el reflejo de la insatisfacción

La envidia es la impotencia por no poseer algo que deseamos y que otras personas tienen. Detrás de la envidia, lo que hay es una autoestima herida y una visión victimista de la justicia. Cuando sentimos envidia, pensamos: «¡No es justo que a aquel/lla le vayan mejor las cosas que a mí!».

Pero olvidamos que la realidad no es justa.

¿Qué nos recuerda el estoicismo acerca de la envidia? Que debemos desarrollar la indiferencia hacia cosas externas y el desapego por lo material. Esto implica asumir que el éxito o los logros de los demás no son cosa nuestra.

En vez de eso, el estoicismo nos invita a dejar de compararnos con los demás, centrarnos en lo que necesitamos para ser felices y trabajar la frustración.

La tortura de la culpa

Otra emoción tratada por el estoicismo es la culpa. La culpa es el dolor que sentimos por saber que, en cierta ocasión, no actuamos correctamente, aunque pudimos hacerlo.

La culpa también es una poderosa arma para los manipuladores: en relaciones tóxicas, es frecuente que la persona aprovechada plante la semilla de la culpa en los otros para explotarlos. Por eso, tanto si la culpa es personal como si es inducida por otra persona, hay que saber dónde empieza y acaba nuestra responsabilidad.

¿Cómo luchar contra la culpa?

1. Admitir nuestra responsabilidad sin excusas ante los perjudicados.
2. Pedir perdón sin justificaciones a las personas que perjudicamos.
3. Entender qué era lo que esperábamos conseguir con ese acto deshonesto.
4. Hacer todo lo posible para reparar el daño causado sin esperar nada a cambio, dedicando tiempo, dinero o atención a los que perjudicamos. Si asumir la culpa no nos supone ningún sacrificio, no lo estamos haciendo bien.

5. Comprometernos a no repetir ese acto, y cumplirlo.

Por último: recuerda también que los demás no tienen la obligación de perdonarnos. Pero eso ya escapa a nuestro control.

«La gente mezquina suele culpar a los demás de su propio infortunio. La mayoría de la gente se lo reprocha a sí misma. Quienes se consagran a una vida de sabiduría comprenden que el impulso de culpar a algo o a alguien es una necedad, que nada se gana con culpar, ya sea a los demás o a uno mismo».

— Epicteto

Ejercicio del día:

<u>TRABAJANDO LA ENVIDIA</u>

1.   La próxima vez que sientas la punzada de la envidia, hazte las siguientes preguntas: ¿Qué es lo que me hace sufrir? ¿No tener algo, o ver que otra persona lo tiene? Si esa otra persona no lo tuviera, ¿me sentiría mejor, aunque yo tampoco lo tuviera eso?

2.   Si lo que siento es que yo merezco eso más que otras personas, ¿por qué no lo tengo? ¿De quién depende? ¿Puedo hacer algo para obtenerlo?

3.   Si la respuesta a la última pregunta es un «sí», la solución está en nuestras manos. Si es «no», hay que aceptar que, aunque tal vez sí merecemos algo, el mundo no siempre funciona justamente.

Praemeditatio malorum: ponte en lo peor

En oposición a la tendencia hacia el pensamiento positivo (que resulta casi infantil), los estoicos practicaban la *praemeditatio malorum*, es decir, la meditación negativa. Consiste en la visualización de las posibles adversidades y problemas que nos pueden surgir en un futuro tanto próximo como lejano, y tanto derivados de nuestras propias acciones como de lo que nos rodea.

El objetivo no es machacarse o sufrir antes de tiempo: el objetivo de la *praemeditatio malorum* es la preparación mental para encajar los golpes que, inevitablemente, nos dará la vida. Fue

Séneca quien dio a conocer esta técnica en sus cartas a Lucilio[13]:

«Los efectos de lo que no se espera son más aplastantes, ya que al desastre se suma el peso de lo inesperado. Lo imprevisto siempre ha intensificado el dolor de una persona. Por esa razón debemos asegurarnos de que nada nos tome por sorpresa. Deberíamos proyectar nuestros pensamientos hacia el futuro en todo momento para tener en cuenta cada eventualidad posible, en vez de pensar que los eventos simplemente seguirán su curso».

El nombre de esta técnica, sin embargo, se lo debemos a Marco Tulio Cicerón, que dijo: *«praemeditatio futurorum malorum lenit eorum adventum».* Significa: «Prever los males futuros alivia su llegada».

---

[13] Las Cartas a Lucilio son una serie de 124 cartas que Séneca escribió durante sus últimos tres años de vida, ya jubilado y retirado. En ellas, da consejos a un joven Lucilio, que podría ser, de hecho, él mismo.

El *praemeditatio futurorum malorum* fue uno de los ejercicios espirituales más populares de la escuela estoica. Séneca lo describía así en sus cartas:

«Ensaya en tu mente: exilio, tortura, guerra, naufragio. Todos estos conceptos humanos deben estar frente a nuestros ojos [...]. Toma una semana en la que apenas tengas comida, que sea barata y mediocre, vístete de forma muy pobre, y pregúntate si eso es lo peor que podría pasarte».

Y el emperador Marco Aurelio empezaba cada jornada con una meditación negativa y se decía a sí mismo: *«Hoy me reuniré con la interferencia, la ingratitud, la insolencia, la deslealtad, la mala voluntad y el egoísmo».* Así afrontaba el día prevenido.

Entrena tu mente para las crisis

Este es mi consejo para llevar a cabo una *praemeditatio futurorum malorum*:

1- Imagina el peor escenario posible ante una situación que ya prevés dolorosa o conflictiva. Pregúntate: «¿Qué es lo peor que puede pasar en esta situación?».

2- Familiarízate con todas las consecuencias desastrosas y con las emociones que ello te puede generar, desde el miedo hasta la vergüenza. El objetivo es evitar que la crisis te pille con la guardia baja.

3- Una vez tengas en mente lo peor, cuestiónate si ese peor escenario posible es realmente tan terrorífico. Por ejemplo: «En esta situación extrema, ¿está en juego tu vida o tu integridad física?», «¿Te convertiría en la primera persona a quien le ocurriera eso?», «¿Dejarían de respetarte tus seres queridos?», «¿Qué perderías realmente?», «¿Cuánto tiempo tardarías en recuperarte?».

Así, te anticipas a tus peores temores, te familiarizas con ellos y puedes reflexionar *a priori*, en vez de dejarte arrastrar por las emociones ante una crisis que aparece por sorpresa.

Ejercicio del día:

PRACTICA TU PROPIO «PRAEMEDITATIO MALORUM»

1.   Piensa en un posible inconveniente que pueda traerte problemas. Puede ser desde que el coche no arranque hasta una ruptura sentimental o una enfermedad.

2.   Piensa en ello como si ya te estuviera ocurriendo: visualiza todo lo que pasaría a continuación, incluidas todas tus emociones y actos. Familiarízate con ello.

3.   Visualiza tu actitud y tu comportamiento si fueras la mejor versión de ti mismo: esa actitud, ¿está realmente alejada de tu yo actual?

Memento mori

Siguiendo con lo que decíamos en el capítulo anterior, los estoicos preferían la visualización negativa a la positiva. Y esto, llevado al extremo los ponía frente al *memento mori*[14]: el recuerdo de que vamos a morir.

Ser conscientes de que nuestra vida es finita y que, tarde o temprano, todos vamos a desaparecer es realmente angustioso. ¿Por qué los estoicos lo hacían constantemente? ¿Qué sacaban de ello? Pues, entre otras cosas, no perder el tiempo en tonterías. Así de claro.

---

[14] *Memento mori* se puede traducir literalmente por «Recuerda que morirás».

Si interpretamos este mensaje en positivo, podremos evitar:

- Perder el tiempo en discusiones inútiles con gente que no va a cambiar de opinión.

- Excedernos en nuestras obligaciones, asumiendo más carga de la que nos corresponde, a la espera de una recompensa dudosa.

- Perder el tiempo en convencionalismos y cosas que solo hacemos para agradar a gente a quien no le importamos.

Así, cuando recordamos que algunas cosas no merecen la pena, somos capaces de reconducir nuestras acciones.

«Podrías dejar de vivir ahora mismo. Deja que esto determine lo que hagas, digas y pienses».
— Marco Aurelio

Ejercicio del día:

ASUMIENDO EL «MEMENTO MORI»

1.   ¿Qué es lo más importante para ti en esta vida? Ponlo por escrito: familia (qué miembros de tu familia, exactamente), amigos (cuáles, exactamente), amor (el de quién), trabajo (qué aspectos del trabajo), etc. Sé lo más concreto posible.

2.   ¿Cuánto tiempo y atención dedicas a lo que está en tu lista? ¿Te parece coherente? Si les dedicas menos tiempo del que te gustaría, ¿qué haces para compensarlo?

3.   Puedes completar esta lista con tareas que realizas por costumbre o para los demás y que no son importantes. Trata de reducirlas.

Huye del victimismo

Si en algo destacaron los estoicos fue en su tenacidad y en su resistencia a la desesperanza y al dolor emocional. Y no, no eran masoquistas ni les gustaba sufrir: si entrenaban su mente y su cuerpo para soportar adversidades, lo hacían por fidelidad a sus valores.

Para los estoicos, una persona resistente es aquella capaz de mantener la calma, el coraje y la integridad en momentos de crisis. Para ello, no basta con proponérselo: hay que entrenar la mente para las adversidades. Vamos a ver cómo.

Instintivamente, nuestro cuerpo huye del dolor, tanto físico como mental. Incluso cuando hacemos algo que simplemente nos da pereza o que nos molesta, nuestro cerebro más primitivo (el que solo entiende de supervivencia pura), opone resistencia. Y el primer impulso de esa resistencia es quejarnos: nos hacemos las víctimas, buscamos la compasión de los demás, inventamos excusas, etc.

¿Cómo combatir el victimismo y la queja constante?

1. Con disciplina: La determinación estoica es famosa por ser implacable contra viento y marea, o lo que es lo mismo: contra deseos, tentaciones, perezas, microadicciones, etc.

2. Con realismo: Sabiendo razonar acerca de lo que son verdaderas desgracias (o verdaderas necesidades), y lo que forma parte del día a día de cualquiera. Y aquí no se trata de invalidar emociones ni ridiculizar el sufrimiento: es cierto que, cuando estamos saturados, un pequeño percance es suficiente

para derrumbarnos. Derrumbarnos es aceptable, pero levantarnos es obligatorio. Debemos recordar que somos mucho más fuertes de lo que nuestra propia resistencia quiere hacernos creer.

Autodisciplina contra la queja

Hay algo cierto: la gente que más se queja es la que menos hace. Cuanta más pereza, falta de motivación, hastío, procrastinación, etc., emana de una persona, más se queja por todo. Y, al contrario: cuanto más autodisciplinada es una persona, menos tiempo y energía gasta en quejarse. La solución pasa por la autodisciplina, pero ¿qué es eso exactamente?

Para los estoicos, la autodisciplina es la capacidad de dirigir nuestra voluntad (lo que ellos llamaban «fuerza interior») hacia lo que consideramos correcto pese tentaciones, obstáculos, etc. Si tú eres de los que se desmotivan con facilidad, si te cuesta encontrar la fuerza de voluntad para según qué cosas, si eres demasiado indulgente contigo mismo... Aquí van diez cosas que puedes hacer para entrenar tu autodisciplina:

1- Habla con tus propias tentaciones cuando las tengas. Trátalas como si fueran un comercial que quiere venderte cosas que no necesitas.

2- Tras cualquier logro que haya requerido sacrificio por tu parte, escribe lo bien que te sientes. Lee ese escrito cada vez que quieras abandonar alguna tarea pesada.

3- Anímate a ti mismo cuando sientas que quieres rendirte. Háblate con cariño, como le hablarías a un amigo. ¿Qué te dirías a ti mismo si tú no fueras tú?

4- Marca cada éxito en un calendario. Poco a poco, el calendario se llenará de pequeños logros y cada vez te dolerá más fallarte.

5- Si tienes una tarea que no quieres hacer, pero sabes que te beneficia, divídela en etapas e intercala cosas placenteras o regálate pequeños premios tras cada tarea finalizada.

6- Ante un proyecto de envergadura, da tu palabra. Busca a alguien a quien te duela decepcionar y prométele que lo lograrás.

7- Compromete dinero. Decide una cantidad de dinero que te moleste perder, y renuncia a ella cada vez que falles. Entrégala a un desconocido o a alguna organización que detestes.

8- Suprime todo lo que pueda suponer una tentación: no quedes para comer en el centro comercial si tienes problemas para controlar las compras, pídele a un amigo que te custodie la videoconsola si se está comiendo tu fuerza de voluntad, quita las cervezas de la nevera si crees que estás abusando.

9- No te falles dos veces seguidas: si dejas algo un día por algún motivo, no te permitas dejarlo una segunda vez seguida. Si te saltas una sesión de entrenamiento por pereza, evita saltarte la segunda vez.

Visualiza tu peor estampa: en vez de visualizar los logros que quieres, visualízate a ti mismo perdiendo el tiempo, el dinero o la energía. Visualízate haciendo lo contrario de lo que te llenaría de orgullo.

Ejercicio del día:

RELATIVIZAR, UN ANTÍDOTO CONTRA EL VICTIMISMO

1.	Una buena forma de autodisciplinarnos es relativizar. Esta técnica consiste en valorar nuestros motivos de queja comparándolos con los de otra gente. ¿Por qué? Porque muchas veces nos enfadamos y nos quejamos por un simple contratiempo, sin recordar que hay gente sufriendo por cosas muchísimo peor.

2.	En ese momento de queja, pregúntate: ¿Cuánta gente en este mundo cambiaría sus problemas por los nuestros?

3.	Si es necesario, haz una lista de las cosas por las que normalmente te quejas, y piensa en qué importancia pueden tener en relación al sufrimiento en el mundo.

Entrena tu resistencia al dolor

Dicen las fuentes[15] que Epicteto tenía una cojera terrible. Y dicen, también, que esa cojera fue fruto de un castigo físico que su propio amo le infringió (recordemos que Epicteto nació esclavo, de hecho, su propio nombre significa «comprado» o «adquirido»).

Según esta anécdota, su amo se enfureció cuando Epicteto le dijo que nada podía perturbar su espíritu (o que el dolor no era un mal real, o que no podía afectarlo, depende de la fuente); así que empezó a retorcerle la pierna para infringirle

---

[15] Epicteto no dejó obra escrita, así que las fuentes siempre son de terceros. La principal de esas fuentes es su discípulo Flavio Arriano de Nicomedia, quien escribió el *Enquiridión*, que es el recopilatorio de los discursos de Epicteto.

el máximo dolor posible. Epicteto, que ya estaba muy entrenado en la práctica del estoicismo, permaneció impasible, soportando el dolor sin desesperarse ni gritar. Solo le dijo: «La vas a romper». El amo de Epicteto continuó hasta que, efectivamente, le rompió los huesos de la pierna. Y Epicteto, en vez de gritar como un loco o atacarle (lo que le habría supuesto la muerte inmediata), solo añadió: «Te dije que me la ibas a romper. Ahora tienes a un esclavo cojo».

Epicteto quedó cojo para toda la vida. Sin embargo, su actitud hacia ese hecho no cambió ni en ese momento ni posteriormente.

¿Qué es el dolor físico?

El dolor es uno de los mecanismos de protección de que disponemos. Igual que la ansiedad, es como una alarma interna que salta cuando estamos en peligro o hay una posible amenaza para nuestra integridad.

La forma de percibir el dolor físico es distinta en cada persona y tiene que ver con su carácter, su genética, sus experiencias previas, etc. Sin embargo, es posible reducir la percepción del dolor mediante técnicas mentales para hacerlo más soportable.

Recursos para dominar el dolor

De forma instintiva, nuestro primer impulso frente al dolor es tratar de ahogarlo: por eso cuando nos damos un golpe sacudimos la zona afectada, gritamos, soplamos, maldecimos (¿qué hacemos cuando nos pillamos un dedo con un cajón?), etc. Esas reacciones automáticas no van encaminadas a detener el dolor sino a distraer la mente para que no lo perciba con tanta intensidad. ¡Y funciona!

Eso revela que distraer la mente es la clave para sobrellevar el dolor físico. Por eso, los estoicos practicaban algunas de las siguientes técnicas[16]:

- Centrarse en la respiración y no dejar que la mente se focalice en ninguna otra cosa (¿no te suena esto del Mindfulness?).

- Imaginar el cuerpo como vía o camino por el que el dolor transita como si se tratara de un cable que conduce electricidad y que, igual que pasa por nuestro cuerpo, se va.

- Centrar la mente en algo como contar de dos en dos, muy despacio, repasar la letra de una canción, describir el dolor en voz alta, como si estuviera escrito en un libro, etc.

- Relativizar el dolor comparándolo con otros dolores del pasado que también se han superado.

---

[16] No estoy animando a correr riesgos de salud innecesarios ni a desoír indicaciones médicas, solo doy estrategias para sobrellevar mejor el dolor inevitable.

- Visualizar imágenes tranquilizadoras o de un futuro muy próximo donde ya no hay dolor.

- Compara el dolor con otros mucho peores que han tenido que soportar otras personas, como por ejemplo el propio Epicteto.

Uno de los dolores más intensos presentes en nuestra sociedad es el dolor que experimentan las mujeres durante el parto. En esas largas horas de dolor inimaginable para un hombre y para cualquier persona que no haya pasado por ese proceso, se suele recomendar a las mujeres que recurran a algunas de estas técnicas. De hecho, puedes verlo así: si tu madre pudo soportar todos los dolores relacionados con el parto, tú puedes soportar cualquier dolor físico que te propongas.

Ejercicio del día:

SIENTE TU DOLOR

1.   Elige una actividad que te suponga cierto dolor físico: hacer varias sentadillas hasta que te duelan los muslos, por ejemplo.

2.   Realiza una serie de sentadillas lo bastante larga como para sentir molestias, agotamiento y hasta cierto dolor. Mientras las haces, siente el dolor: concéntrate en cómo, dónde, hasta dónde y cuánto lo sientes.

3.   Toma consciencia de que a tu integridad física no le ocurre nada y que ese dolor es hasta positivo. ¿Te produce la misma ansiedad y experiencia negativa, o menos?

Practica la gratitud

Pese a que no nos guste aceptarlo, ya sabemos que las dificultades, los golpes, las injusticias y los obstáculos forman parte de nuestra existencia. La mayoría de nosotros tendremos que enfrentarnos a ellos tarde o temprano y, si bien hay personas más afortunadas que otras, sumar envidia a esa realidad aún nos lo va a poner más difícil.

Así que deberíamos entender la mayor parte de esas dificultades como parte del entrenamiento en la resistencia al dolor. Cuando vas al gimnasio, ¿cuándo creces más, con pesas que no te suponen el más mínimo esfuerzo o con pesas que te obligan a esforzarte?

En otras palabras, y como ya te mencionaba en la introducción: no es la mar calmada la que hace experimentado a un marinero.

Bajo esta perspectiva, para el estoicismo, la mayoría de los golpes que superamos merecen más un agradecimiento por nuestra parte que una dosis de rencor.

¿Qué es lo que agradece un estoico exactamente? ¿Y a quién? Si un coche se salta un paso de peatones y lo atropella, ¿a quién debe darle las gracias el estoico? ¿Al conductor por mandarle al hospital?

No. El estoico se dará las gracias a sí mismo por su forma de afrontar el accidente:

- Agradecerá su propia firmeza y aceptación.

- Agradecerá no haber aprovechado la oportunidad para recurrir al victimismo o sacar tajada del asunto más allá de lo que es justo.

– Agradecerá haberse mantenido íntegro, pues gracias a todo ello su recuperación es más corta y llevadera.

Del mismo, modo tú deberías darte las gracias por recordarte que la vida también son las desgracias que te ocurren.

Sé que hay golpes de los que no te recuperas, o que te dejan secuelas durante largos años. No seríamos humanos si no sintiéramos dolor ante las desgracias. ¿Hay que mostrar gratitud por ello, también? No, pero la práctica de la gratitud en todo lo demás nos ayudará a diferenciar lo que merece sufrimiento y lo que no, y nos ayudará a llevarlo con serenidad.

Ejercicio del día:

<u>LA GRATITUD ANTE LA DIFICULTAD</u>

1.   Piensa en un problema que tengas y que no sepas cómo resolver. Observa las emociones que te genera.

2.   Imagina que, si lo resuelves, obtendrás un valioso aprendizaje que te valdrá para el resto de tu vida. ¿Son iguales tus emociones ahora?

3.   Trata de resolver ese problema lo mejor que sepas. Da las gracias a lo bueno que hayas sacado de ti mismo (de tus recursos), por pequeño que haya sido el crecimiento.

Practica la integridad

No hay estoicismo que pueda ayudarte si no asumes un compromiso previo: el compromiso con tu integridad personal.

La integridad personal es la sincronización entre lo que piensas, lo que dices y lo que haces en términos morales. Así de simple y así de complicado a la vez. Es decir: la integridad se da cuando somos fieles a nosotros mismos y actuamos en consecuencia con lo que creemos y lo que sentimos que es lo correcto.

Para el estoicismo, la integridad personal requiere que seas fiel a tu sistema de creencias y valores, y estos deben estar basados en la justicia, el respeto, la honestidad y la igualdad. Lo contrario es venderse.

¿Qué implica esto, en la práctica?

- No mentir, engañar, decir la verdad a medias o tratar de influir de forma deshonesta.

- Cumplir con los compromisos adquiridos y con la palabra dada.

- Ser auténtico, es decir, no tratar de plagiar, imitar o ser falso.

- Respetar a los demás (para el estoicismo, el respeto no solo se le debe al prójimo humano, sino también a los animales, las plantas y todo lo que nos rodea).

- No maquinar, aprovecharse de los demás ni ser trepa, narcisista u oportunista.

- Ser compasivo y solidario sin esperar nada a cambio.

- Ser agradecido.

No hay bienestar emocional posible cuando sentimos que no estamos haciendo lo correcto según lo que somos o queremos ser: nuestra felicidad depende de nuestra dignidad y nuestra integridad personal. Por supuesto, hay cosas que producen felicidad y que no tienen nada que ver con la ética personal (comernos un postre delicioso, por ejemplo). Y, por supuesto, podemos hacer estas cosas siempre que queramos, si están al margen de compromisos morales. Pero lo que debemos entender es que, si nuestro triángulo de la integridad (lo que creemos, lo que sentimos y lo que hacemos), está roto, ni mil postres deliciosos podrán ayudarnos.

Tal vez te preguntes: realmente, ¿merece la pena tanto esfuerzo? ¿Por qué debería yo ser una persona íntegra si a mi alrededor todo el mundo avanza a codazos y pisando a los demás? Te contestaré en dos puntos:

- El primero: No es verdad que todas las personas avancen a codazos. Lo que suele suceder es que las mejores personas, las más íntegras, no llaman la atención. Pero si estás atento, a lo largo de tu vida te cruzarás con cientos de personas de las que puedes aprender a ser íntegro, porque ellas lo son.

- El segundo: Da igual lo que hagan los demás. Tú te debes a ti mismo. Tu integridad es un fin en sí mismo, no una forma de ganarte nada, ni siquiera admiración.

Practica la integridad desde YA

Si quieres vivir en paz contigo mismo, debes practicar la integridad desde hoy, en todos los aspectos de tu vida. Te menciono un par:

- En el trabajo: Tómate en serio la tarea, sé trabajador y no solo cuando el jefe esté mirando. Pregúntate qué es justo que hagas tú por el dinero que te paga la empresa. Si crees que te están explotando, no juegues a devolvérsela en silencio. Lucha para cambiar las cosas o prepárate para marcharte.

– Con tu pareja: Si has aceptado un compromiso, sé digno de él. Da lo mejor de ti mismo, no engañes, no abuses, no te aproveches y no traiciones la confianza de quien te está demostrando que cree en ti. Nada de eso garantiza que los demás sean íntegros contigo, pero ya hemos dicho que eso no debe centrar nuestra atención porque no podemos controlarlo.

La integridad es más reconfortante de lo que crees. En cambio, cuando eres tramposo, eres infiel, trepa u oportunista, tarde o temprano te darás cuenta de que estás muy por debajo de lo que es una persona digna. Estás muy por debajo de la mejor versión de ti mismo. Y, si estás leyendo este libro, es porque dudo que te guste esa sensación.

«Si haces algo vergonzoso con el objetivo de obtener placer, el placer pasa rápidamente, pero la vergüenza se queda».

— Musonio Rufo

Ser íntegros no garantiza la felicidad, pero no serlo sí garantiza sentirnos siempre mal.

Ejercicio del día:

EL TRIÁNGULO DE LA INTEGRIDAD

1.   Hemos dicho que la integridad personal es la correspondencia entre lo que piensas, lo que dices y lo que haces en materia ética. Ahora imagina que tus principios morales te impiden comer carne por una cuestión de respeto a los animales.

2.   ¿Qué harías en una importante comida de negocios, donde todo el mundo come carne? Si decides saltarte tus principios, ¿cómo te lo justificarías a ti mismo?

3.   Si crees que, en esta ocasión es más beneficioso para ti hacer lo que hacen los demás (es decir: comer carne), ¿qué beneficios honestos crees que vas a sacar de ello?

La honradez es alimento para la virtud

Relajar nuestra honestidad para obtener más dinero del que nos corresponde es alimentar el narcisismo y la frialdad emocional. Nuestra mejor versión, nuestra excelencia, pasa por la integridad también en cuestión de dinero.

Míralo así: ¿Cómo te sientes cuando escuchas que unos desalmados estafaron a una anciana ciega diciéndole que eran del banco? Supongo que sientes rabia o asco. Sin embargo, si tú también haces trampa (ya sabes: pagar o cobrar servicios en negro, inflar facturas, «olvidar» pagar cosas, estafar, robar, etc.), estás contribuyendo a crear el ambiente donde otros acaben robando a ancianas ciegas. ¿Dónde está la frontera?

Si tú das un pequeño pasito hacia la corrupción, otro se verá legitimado a dar un pasito más. Y un tercero se verá legitimado a robarle a tus padres o a tus hijos.

Todos queremos ser millonarios. ¡La mayoría de la gente a la que admiramos es millonaria!

Pero si quieres dormir tranquilo, no te dejes corromper por el dinero. No merece la pena.

Comparte lo que tienes, comparte lo que sabes

Sé generoso, no acumules riqueza a escondidas, no le prives de cosas a tu familia si no hay razón para ello. Y no estoy diciendo que pulverices tus ahorros, ni me estoy contradiciendo con lo que decíamos sobre la moderación: lo que digo es que no seas avaro.

Por otro lado, ser solidario no es solo dar dinero a una ONG en Navidad. También es compartir la información y los conocimientos que tienes. Entiendo que no quieras decirle a nadie cuánto has adelgazado si no te apetece, pero sí puedes compartir el número de teléfono de ese nutricionista que tanto te ha ayudado.

Mi opinión es que compartir el conocimiento es una carretera de doble sentido: si tú lo haces, otros lo harán contigo (no todos, claro, pero eso también te ayudará a saber con quién puedes formar equipo y con quién, no). Además, la vida da muchas vueltas y no sabes qué oportunidades te depara el futuro.

Por supuesto, si tienes una idea de negocio buenísima y realizable, no la muestres alegremente a todo el mundo: si no tienes las espaldas cubiertas, es probable que te la roben. Sin embargo, experiencias e información con otros compañeros de profesión, ofertas de trabajo, convocatorias, contactos... Eso transmite la idea de que no temes a la rivalidad porque crees en ti mismo. Y te será recompensado (y aunque no siempre sea así, tu deber es hacerlo).

Ejercicio del día:

NO SEAS UN SCROOGE

1. Scrooge es el protagonista de Un cuento de Navidad, del escritor inglés Charles Dickens. Se trata de un viejo avaro que vivía amargado y negándose a compartir ni un céntimo de su fortuna.

2. Te invito a que compartas algo tuyo desinteresadamente, es decir, sin esperar nada a cambio. Puede ser dar algo de caridad, hacer un favor, dedicar algo de tiempo a alguien, etc. Observa tus emociones (probablemente, al principio serán de resistencia y fastidio).

3. Pasado un tiempo (una semana, por ejemplo), piensa en el acto que hiciste. ¿Han mejorado tus emociones respecto ese acto?

Vence el miedo

En los capítulos 13 y 14 hablábamos de coraje, que no es la ausencia de miedo, sino el actuar a pesar de este cuando sea justo. Aquí también hablaremos de vencer el miedo para avanzar.

El miedo es un mecanismo de defensa que se activa ante un peligro con el fin de mantenernos con vida. Nos lo envía el cerebro para que extrememos precauciones y nos pongamos a salvo. Sin embargo, como ya decíamos al hablar de la ansiedad y de la incomodidad neuronal, a menudo el cerebro nos engaña. Es decir: nos hace creer cosas que no son exactamente así.

Por ejemplo: el miedo a un coche que se acerca disparado hacia nosotros tiene fundamento, el miedo a salir de casa si no hay amenaza real, en una ciudad normal que no está en guerra, no tiene fundamento: es un miedo irracional o distorsionado.

Para los estoicos, dominar el miedo es una obligación moral. Veamos algunas técnicas para hacerlo:

1. Entender que nunca podremos eliminar el miedo de nuestra vida: Tarde o temprano sentiremos miedo a algo o a alguien, así que lo mejor es aceptar que tenemos miedo cuando sea así. No pasa nada.

2. Cuestionar el miedo: Vamos a intentar poner en duda la veracidad y la utilidad de ese miedo. También vamos a valorar si es proporcional al peligro real.

3. Realizar una exposición gradual: Si te da miedo volar en avión, empieza por mirar fotografías de aeropuertos y familiarízate con las emociones negativas que te generen hasta que lo superes y puedas pasar al siguiente nivel.

4. Dividir el miedo en miedos más pequeños. Siguiendo el ejemplo de los aviones, trata de analizar a qué sientes miedo exactamente: ¿Lo sientes cuando te diriges al aeropuerto? ¿O al subir al avión? ¿Al despegar o al estar a gran altura? Separa lo que NO te da miedo de lo que sí, y realiza todas las acciones que no te dan miedo relacionadas con los aviones. Se trata de acorralar ese «gran miedo» hasta reducirlo al 10%, y enfrentarte a él.

5. Buscar «compañeros de miedo»: aunque pueda parecer lo contrario, dos personas con miedo a algo, pero decididas a superarlo se pueden ayudar mucho más una a la otra que

una que no siente ese miedo a una que sí lo siente.

¿Qué harías si no tuvieras miedo?

«A menudo tenemos más miedo que dolor; y sufrimos más en la imaginación que en la realidad.»

— Séneca

Suelo hacer esta pregunta a mis pacientes cuando sienten miedo del futuro o no se atreven a cambiar una situación que les perjudica. Sus primeras respuestas suelen situarse en dos polos opuestos: o son muy comedidas («supongo volvería a pedir ese aumento de sueldo»), o son absolutamente disparatadas («contrataría a un sicario para que amenazara a mi jefe»). Yo los animo a que suelten lo primero que les pasa por la cabeza para que, poco a poco, salgan sus verdaderos deseos y necesidades.

Tras un par de rondas de respuestas comedidas o disparatadas, empiezan a salir otras respuestas mucho más personales: «Si no tuviera miedo, le diría a mi pareja que ya no quiero trabajar en su empresa». «Si no tuviera miedo, cortaría con toda mi familia» «Si no tuviera miedo, le propondría a esa persona una cita».

No siempre podremos cumplir todos nuestros sueños. Y no siempre, por el simple hecho de saber a qué le tenemos miedo, todo se solucionará. Pero tenerlo claro sí ayuda a ver opciones.

Si lo que necesitamos o deseamos es de justicia o es algo bueno para nosotros y no nos atrevemos a ir tras ello, hay que trabajar ese miedo. Porque no merece la pena perder oportunidades por miedos que están más en nuestra mente que en otra parte.

Ejercicio del día:

¿QUÉ HARÍAS ESTE AÑO SI NO TUVIERAS MIEDO?

1.   Piensa en algo que harías en los próximos meses si no tuvieras miedo. Por ejemplo, si te aterra volar, piensa en ese viaje que te encantaría hacer, pero que requiere tomar un avión.

2.   Piensa en todo lo bueno que te pierdes, no solo en términos de placer y disfrute, sino también en crecimiento personal. ¿Qué pensarías de ti mismo si superaras ese miedo?

3.   Intenta superar el miedo. Tal vez no sea el momento, tal vez necesites ayuda, solo inténtalo sinceramente y comprométete a seguir trabajando en ello si no lo logras esta vez.

DÍA 28

No dependas de la opinión de los demás

Ya hemos dicho que los estoicos no se venden ni se dejan corromper. Ni tampoco se dejan influir por las críticas o lo que opinen los demás.

> *«¿Por qué deberíamos prestar tanta atención a lo que piensa la mayoría?»*
>
> — Sócrates

Sin embargo, vivir en sociedad significa estar expuesto al juicio de los demás, y a adecuarnos a una serie de convenciones sociales para ser aceptados en el grupo. Y no hablo solo de leyes: hablo de la presión del éxito y del precio que hay que pagar cuando nos salimos de la norma.

¿Qué dicen los estoicos? Que merece la pena pagar el precio. El precio de las críticas, el precio del desprecio en alguna ocasión, el precio de perder la compañía o el amor de alguien si eso no se alinea con nuestros objetivos vitales. Si tú estás seguro de que estás haciendo lo correcto, ¿quiénes son los demás para venir a decirte nada? Tú eres tu primer juez.

Cierto que todos tenemos derecho a opinar y criticar (todos lo hacemos), pero también que todos tenemos derecho a no hacer ni caso a lo que digan los otros. Recuérdalo cuando te invadan las dudas acerca de tu camino porque un montón de personas se han mostrado perplejas o directamente ofendidas por algo.

No huir de las críticas

«La tranquilidad llega cuando dejas de preocuparte por lo que dicen».
— Marco Aurelio

Es cierto que mucha gente critica con la intención de herir, invalidar o sabotear. Pero a menudo también recibimos críticas que llevan razón. Por eso es importante aprender a manejarlas. Y lo primero que hay que hacer es aceptar que siempre vamos a ser criticados por alguien, hagamos lo que hagamos. De hecho, cuantas más críticas recibas, mayor es la prueba de que te estás moviendo.

Así que te aconsejo escuchar las críticas y detectar las que sean acertadas: generalmente vienen de personas que saben del tema y que no te ven como una amenaza. Esas suelen ser las sinceras y las útiles.

Ejercicio del día:

EXPONTE A LAS CRÍTICAS

1.	Te invito a que hagas un experimento para exponerte a comentarios negativos: ponte una prenda de ropa inapropiada. Ojo: no digo que sea indecente sino inapropiada, por ejemplo: demasiado abrigado para la estación del año en la que estás, demasiado fresco, demasiado colorido, etc.

2.	Pasa el día con esa prenda y acepta todas las críticas y comentarios negativos que te hagan. Simplemente, di que tienen razón, y que hoy has elegido mal la ropa.

3.	Al finalizar el día, reflexiona: ¿sigues vivo? ¿Todo lo importante en tu vida, sigue intacto? ¿Es tan grave que te critiquen de vez en cuando?

El estoico en busca de sentido

El título de este apartado hace referencia al libro más famoso de Viktor Frankl, *El hombre en busca de sentido*. ¿A que me refiero con eso de «sentido»?

A menudo, me encuentro con paciente que son íntegros, es decir, honrados: cumplen las leyes, respetan a los demás, son buenas personas. Y aún así, se sienten tristes y vacíos. Cuando empiezo a hablar con ellos, antes o después me doy cuenta de algo: se sienten vacíos porque les falta sentido. Su vida transcurre sin propósito y, a pesar de ser personas buenas y válidas, viven como autómatas.

Está comprobado que las mayores dosis de felicidad proceden de los buenos resultados de nuestras propias acciones. Para ello, nuestras acciones deben responder a un fin mayor, a un objetivo vital, para que tengan sentido. Ese objetivo vital debe inspirarnos y motivarnos para levantarnos cada mañana y prepararnos para la lucha diaria[17].

Los propósitos de vida son las misiones personales y voluntarias que nos ayudan a saber quién somos y cuál queremos que sea nuestro lugar en el mundo. Ellos guían nuestras decisiones y no pueden ser impuestos por terceras personas.

---

[17] El psicólogo Nathaniel Branden, pionero en el estudio de la autoestima, decía que uno de los siete pilares de la autoestima es vivir con propósitos, es decir: llenar nuestra vida con significado.

Ejercicio del día:

VISUALIZA TU FUTURO

1.   Hemos dicho que no podemos controlar el futuro, pero sí podemos y debemos buscar objetivos por los que luchar. ¿Los tienes?

2.   Ahora visualízate dentro de diez años. ¿Vas bien encaminado? Visualízate con 90 años. ¿Te sentirás satisfecho? ¿Qué te habrá faltado?

3.   En base a tus respuestas, plantéate si crees que necesitas hacer cambios respecto a tus propósitos de vida.

Busca la fuerza que reside en ti

Llegados al final de este viaje de 30 días juntos, es el momento de hacer una pausa y reflexionar sobre todo lo que has logrado. A lo largo de este mes, has explorado en profundidad las enseñanzas del estoicismo, aprendiendo a aceptar lo que no puedes controlar, a cultivar la virtud y a ejercer el autocontrol sobre ti mismo.

En este último día, quiero invitarte a tomar conciencia sobre el cambio que has experimentado. Piensa en cómo era tu perspectiva de la vida en el Día 1 y compárala con la persona en la que te has convertido a día de hoy. Es probable que hayas notado un mayor equilibrio emocional, una disminución en la ansiedad frente a lo impredecible, y un sentido más profundo de propósito y satisfacción.

Antes de despedirme, déjame darte unas últimas recomendaciones:

- No intentes ser estoico de un día para el otro. Las cosas serias requieren tiempo.

- Recuerda no sufrir por problemas imaginarios, por el qué dirá la gente, por el pasado o por el futuro: ya lo has hecho bastante, ahora céntrate en tus objetivos estoicos y sufre, si es necesario, por ellos, ¡pero no te rindas!

- Mente fría. A veces, los golpes, los problemas y las noticias más impactantes no lo son tanto a la mañana siguiente. Evita la impulsividad y te ahorrarás muchos arrepentimientos.

- Comprométete con la honestidad. No seas bueno por obligación: debes serlo porque quieres y te gusta ser una persona íntegra.

- Sé valiente. No dejes que el día a día apague la luz de tu coraje.

- Sé un ejemplo para los tuyos y para ti mismo.

- Y por último, nunca olvides estas palabras de Marco Aurelio:

«Tienes poder sobre tu mente, no en eventos externos. Date cuenta de esto y hallarás fuerza.»
— Marco Aurelio

El estoicismo no es solo una filosofía para ser estudiada, sino un camino de vida para ser vivido. Los principios que has aprendido son herramientas que puedes llevar contigo, aplicando sus enseñanzas en todos los aspectos de tu vida.

A medida que cierras este capítulo, abre tu corazón y tu mente a lo que está por venir. El futuro puede ser incierto, pero estás equipado con la sabiduría, la fuerza y la perspectiva estoica para enfrentar cualquier desafío que se presente en tu camino.

«El mejor indicador de una persona sabia es la paz interior, lograda no a través de la evitación de desafíos, sino a través de la transformación interior.»

Un abrazo,
Daniel

Tu opinión es muy importante

Como autor independiente que soy, tu opinión es muy importante para mí y para futuros lectores como tú. Te estaría enormemente agradecido si me dejases **un comentario** en tu plataforma favorita diciéndome qué te ha parecido mi libro **para así poder seguir mejorándolo**:

- ¿Qué es lo que más te ha gustado?
- ¿Hay algo que hayas echado en falta?
- ¿A quién se lo recomendarías?
- ...

www.danieljmartin.es/review/em

¡Un regalo solo para ti!

¿Te gustaría leer **mi próximo libro completamente GRATIS**? ¡Escanea el código que aparece debajo y **apúntate a mi club de lectores**!

Te esperan grandes sorpresas: sé el primero en leer mis nuevos lanzamientos, escucha mis audiolibros de forma gratuita, consigue copias firmadas y dedicadas... ¡y mucho más!

www.danieljmartin.es/clubdelectores/

Otros libros de Daniel J. Martin

9 789916 995648